*Über dieses Buch* Dieses legendäre Buch aus der Frühzeit des Films wird Freunde der Filmkunst und der Literatur gleichermaßen interessieren. Es stellt eines der ältesten Dokumente über die Begegnung von Literatur und Film dar.

Bei einem Ausflug der Leipziger Expressionisten im Jahr 1913 forderte Kurt Pinthus die jungen Autoren auf, jeder von ihnen solle ein Filmszenarium schreiben. Der Vorschlag wurde begeistert aufgenommen, und noch im selben Jahr konnte Pinthus sein „Kinobuch" vorlegen. Das Jahr 1913 spielt in der Geschichte des Films eine besondere Rolle: Noch kurz zuvor als „öffentliche Gefahr" angeprangert, wurde er auf einmal ernstgenommen. In diesem Jahr spielte der bis dahin kamerafeindliche Albert Bassermann seine erste Filmrolle, Max Reinhardt drehte seinen ersten Film, und Eleonora Duse trat in ihrem ersten und einzigen Film auf.

Die 15 Szenarien dieses Bandes sind ganz auf den Stummfilm zugeschnitten. Die jungen Autoren von damals schrieben, auf visuelle Wirkung bedacht, ein buntes Potpourri der Milieus, der Situationen und dramatischen Schicksale. So entstand eines der originellsten Dokumente der frühen Filmgeschichte.

Kurzbiographien der Autorinnen und Autoren dieses Bandes finden sich auf den Seiten 151 ff.

# Das Kinobuch

Kinostücke von

Richard A. Bermann, Walter Hasenclever, Frantisek Langer, Else Lasker-Schüler, Philipp Keller, Elsa Asenijeff, Max Brod, Kurt Pinthus, Julie Jolowicz, Albert Ehrenstein, Otto Pick, Ludwig Rubiner, Paul Zech, Arnold Höllriegel, Heinrich Lautensack und ein Brief von Franz Blei

herausgegeben und eingeleitet
von Kurt Pinthus

mit einer Nachbemerkung
von Walter Schobert

Fischer
Taschenbuch
Verlag

Fischer Taschenbuch Verlag
Mai 1983
Umschlaggestaltung: Jan Buchholz / Reni Hinsch
(nach der Original-Umschlaggrafik der Erstausgabe Leipzig 1913/14)
Fischer Taschenbuch Verlag GmbH, Frankfurt am Main
Lizenzausgabe mit freundlicher Genehmigung
der Peter Schifferli Verlags AG Die Arche Zürich

Druck und Bindung: Clausen & Bosse, Leck
Printed in Germany
780-ISBN-3-596-23688-6

# INHALT

# VORWORT ZUR NEU-AUSGABE [1963]

*Das ‚Kinobuch' erschien vor fünfzig Jahren, Ende 1913, vordatiert 1914. Damals begann der Herausgeber seine programmatische Einleitung: «Dem Urteil des Lesers ist es anheimgestellt, dies Kinobuch für einen unterhaltsamen Scherz zu erachten oder für ein ernstliches Bemühen, dem in Verlegenheit harrenden Kino neue Stücke und Anregungen zu schenken.» Die meisten Leser und Beurteiler hielten das Buch für einen Scherz, manche sogar für einen frechen Scherz, für einen Literatenulk.*
*Das ‚Kinobuch' wurde beim Erscheinen von der Kritik kaum beachtet. Am stillsten verhielt sich die Film-Produktion. Wie sich bald zeigte, mit gutem (oder schlechtem) Grund, denn in diesen fünfzig Jahren sind Motive, Ideen, Tricks aus den hier gebotenen Kinostücken und Anregungen insgeheim, aber unentwegt von Filmschreibern und Regisseuren übernommen und verwirklicht worden. Manchmal freilich mag die scheinbare Entwendung nur zufällige Übereinstimmung oder Ähnlichkeit des Einfalls sein: viele ungenützte filmische Ideen lagen in jener Frühzeit des Kinos in der Luft – nur hatte man sie noch nicht gehascht.*
*Nach einer rapiden technischen, finanziellen, schließlich auch künstlerischen Entwicklung der Filmproduktion, so phantastisch wie die Möglichkeiten des Films selbst (von den kurzen, primitiv-*

*zittrigen Stummfilmen um 1910 bis zu den heutigen farbigen Tonfilmen auf Breitwand), und nach zwei verschüttenden Weltkriegen schien das ,Kinobuch' mit den Phantasien seiner frühen Filmszenarios völlig vergessen. In den Geschichten und Chroniken des Films war es nicht erwähnt.*

*Da wurde vor kurzem, zum Erstaunen des Herausgebers, der damals 1913 als Nebenbeschäftigung und aus Liebe schon Filmkritiken geschrieben hat wie auch noch heute, das ,Kinobuch' plötzlich allenthalben wieder entdeckt. Film-Fachblätter und große Zeitungen erinnerten an das Buch, namentlich als, so schrieb die Neue Zürcher Zeitung, «der Suhrkamp-Verlag mit seinem Sammelband ,Spectaculum, Texte moderner Filme' das Wagnis von Kurt Pinthus' ,Kinobuch 1913' wiederholte».*

*Zu Ehren des Verlegers der Arche sei hier festgestellt, daß er den Plan einer Neu-Ausgabe des ,Kinobuchs' (innerhalb einer Serie von Neudrucken klassischer Filmbücher) schon gefaßt hatte, bevor es von Zeitschriften und Zeitungen, von Filmhistorikern und Inhabern akademischer Lehrstühle nach fast 50 Jahren wieder zitiert und analysiert wurde.*

*Da der Herausgeber des ,Kinobuchs' von 1913 infolge merkwürdiger Zufälle noch am Leben und identisch ist mit dem Herausgeber der vom Verlag der Arche angeregten Neu-Ausgabe von 1963, so möchte er, d. h. ich, in diesem Vorwort nicht selber, wie die Forschung sagt, den ,historischen Ort bestimmen', wo dies Sammelbuch seinen Platz und Wert hat, sondern diese Aufgabe Herrn Friedrich von Zglinicki überlassen, der in einer der neuesten, umfänglichsten und materialreichsten Geschichten der Kinematographie, in seinem ,Weg des Films' (Berlin 1956, 992 Seiten, 890 Abbildungen) die Charakteristik des ,Kinobuchs' mit diesen Worten beschließt «... findet man in diesem ,Kinobuch' die ersten 15 jemals in Deutschland gedruckten Szenarios von jungen Dichtern und Schriftstellern, die später fast alle in die Literaturgeschichte eingegangen sind ... Jeder einzelne dieser Entwürfe ist mit einer damals unerhörten filmischen Phantasie erdacht und mit einer ebenso unerhörten literarischen Sprache niedergeschrieben worden ... Das Gros des Publikums aber stand diesen Dingen völlig verständnislos gegenüber. So weit waren Pinthus und seine jungen Dichter der Zeit und dem Film von damals voraus ...»*

*Wenn es sicherlich angenehm ist, im hohen Alter ein Unternehmen der eigenen Jugendzeit noch anerkannt und gerühmt zu sehen, so muß ich doch die generelle Lobpreisung des Herrn von Zglinicki etwas einschränken. Um dies zu verstehen, mag hier die Entstehungsgeschichte des ‚Kinobuchs' erzählt werden.*

*Im Leipziger Hauptquartier des jungen Expressionismus, in Wilhelms Weinstuben, wo sich die Autoren des schnell aufblühenden Rowohlt Verlags, seit 1913 Kurt Wolff Verlags: Dichter und Schriftsteller aus Berlin, Prag, Wien, München und Leipzig selbst täglich versammelten, wurde eines Wintertags zu Beginn 1913 beschlossen, einen Ausflug nach Dessau zu unternehmen. Unter Führung der in mehrfacher Bedeutung gewaltigen Gestalt des zeusköpfig haar- und bartumwallten Dichters Theodor Däubler fuhren Franz Werfel, Walter Hasenclever, Albert Ehrenstein, Paul Zech, Else Lasker-Schüler, ich und einige mehr, ohne daß irgend etwas Besonderes dorthin lockte, nach Dessau, wo wir, durch die Straßen streifend, entdeckten, daß in einem jener kleinen Kinos, die man damals Ladenkinos, Flohkisten oder Schlauchkinos nannte (weil in leerstehende dunkle, lange Läden eingebaut) die Verfilmung eines bei Rowohlt erschienenen Romans von Otto Pietsch ‚Das Abenteuer der Lady Glane' gezeigt wurde. Es war ein kurzer, billig und schlecht hergestellter Streifen; aber wir gewahrten hier eine Besonderheit, die wir für längst ausgestorben hielten: das kümmerlich untermalende Klaviergeklimper wurde durch die Stimme eines im prächtigsten Sächsisch die Handlung kommentierenden Erklärers übertönt: «Hier sähn mir Lahdy Glahne bei Nacht un Näbel ...» Mehr noch: der Mann hielt einen Zeigestock in der Hand, mit dem er gegen die Leinwand hin auf den Gang der Personen und der Ereignisse wies.*

*Dies kuriose Erlebnis verursachte lange und weitgreifende Diskussionen über den falschen Ehrgeiz des damaligen jungen Stummfilms, das ans Wort und die statische Bühne gebundene Theaterdrama oder den mit dem Wort schildernden Roman nachahmen zu wollen, statt die neuen, unendlichen Möglichkeiten der nur dem Film eigenen Technik sich bewegender Bilder zu nützen, und ich warf die Frage auf, was wohl jeder von uns, aufgefordert, ein Kinostück zu verfassen, produzieren würde.*

*Wir alle wußten, daß es schon große Schauspieler im Film gab, die sich ohne Worte sehr beredt verständlich machen und komisch oder ergreifend nur durch Mimik und körperliche Bewegung ausdrücken konnten, wie die von uns höchst verehrte, im stummen Spiel niemals wieder erreichte Asta Nielsen. Wir wußten auch, daß bereits einige Dramatiker und Romanschriftsteller sich bereit erklärt hatten, ihre Werke von Unbekannten zu Filmen verarbeiten zu lassen. Aber wir kannten keinen Dichter oder Literaten, der direkt und unmittelbar ein Stück für das Kino geschrieben hatte.*

*Es gab bereits geräumige Kinotheater, sogar ‚Lichtspiel-Paläste', seit 1913 das noch heute bestehende ‚Marmorhaus' in Berlin am Kurfürstendamm, in denen zu den üblichen meist albernen oder sentimentalen Kurzfilmen auch Streifen von etwa einer Stunde Laufdauer geboten wurden. Bald nach dem Besuch im Dessauer Schlauchkino wurde am 24. April 1913 in Leipzig das erste freistehende Kinotheater Europas, das ‚Königspavillon-Theater', Promenadenstraße 8, vor geladenen Gästen abends 8 Uhr mit dem «gewaltigsten Filmdrama aller Zeiten ‚Quo vadis'» eröffnet. Die Einladungskarte auf Büttenpapier vermerkte, daß man gebeten wird, in Gesellschaftstoilette zu erscheinen. Dies Kino-Theater faßte 1000 Zuschauer. Aus einem violetten Foyer trat man «in einen Raum in Weiß und Goldgelb, der von Licht so hell durchströmt ward, daß man ein schwarzes Fädchen in der Luft wehen sehen könnte».*

*Ich war damals Theaterkritiker des von der Intelligenz gelesenen, traditionsreichen ‚Leipziger Tageblatt' und veröffentlichte folgendentags an der Spitze des Feuilletons über drei lange Spalten hin die wohl erste je in Druck gegebene prinzipielle, ausführliche Filmkritik. Man sah also eine Verfilmung in vier Akten des 1896 erschienenen Romans ‚Quo Vadis' von Henryk Sienkiewicz, der 1906 den Nobelpreis erhalten hatte, mit der impressionistischen Orchester-Musik des Parisers Jean Nouguès. Ein erster Drei-Minuten-Film nach ‚Quo vadis' war schon 1906 herausgekom-*

*men; hier aber gab es einen der frühesten, etwa 2 Stunden lang laufenden italienischen Monumentalfilme, mit dem bisher größten Aufwand an Komparserie und pompöser Szenerie. Fast am gleichen Tag lief dieser Film übrigens in New York im Astor-Theatre am Broadway an und revolutionierte die amerikanische Filmproduktion. Die Liebesgeschichte zwischen dem edlen Römer Vinicius und der christlichen Sklavin Lygia erschien mir recht verstaubt, und ich meinte, ohne die erklärenden Zwischentitel würde niemand die Vorgänge verstehen, was beweise, daß ein Roman eigentlich nicht für den Kino (damals sagte man ‚der' Kino) verarbeitet werden sollte. Noch energischer aber grenzte ich den Kino gegen die Kunst des Theaters ab und pries die auf der Bühne unmöglichen, rein film- weil bildmäßigen, schnell abrollenden Szenen, wie das Wagen-Rennen, die Arena-Kämpfe zwischen Gladiatoren und wilden Tieren, den Brand Roms mit Tausenden flüchtender Menschen, die Orgien am Hofe Neros und das Gastmahl des weisen Genießers Petronius, des arbiter elegantiarum (der gebildete Zwischentitel schrieb dies allerdings ‚alegantiarium', womit jeder Schüler in Lateinisch durchfallen würde).*
*Die Kritik schloß: «Der Kino kann das Unmögliche möglich machen; aber das auf dem Theater Mögliche wird ihm unmöglich bleiben. In diesem Film fragt Petrus den ihm begegnenden Christus: Quo vadis, Domine? ... Wohin gehst Du, Herr? – Der Freund des Kino sprach zu sich und diesem Film: Quo vadis – Kino?»*
*Diese Frage nun stellte ich jetzt meinen literarischen Freunden in allen deutschsprachigen Bezirken Europas und bat sie, mir selbsterdachte Kinostücke (also nicht erst zu verfilmende Theaterdramen oder Erzählungen) einzusenden, die in einem Sammelbuch erscheinen sollten. Denn meine wohlgemeinte und wohlüberlegte Filmkritik im ‚Leipziger Tageblatt' hatte ganz unerwartete Folgen: die Leser sowie Besitzer empfanden sie als eine Entwürdigung des Blattes und ihrer selbst; wie konnte (so sagte mir einer meiner ehemaligen Professoren) ein gebildeter Mensch, «von dem man viel erwartet hätte», eine so niedrige Angelegenheit wie das Kino ernst nehmen und überhaupt mit dem Theater vergleichen; die Zeitungsmänner hingegen warfen mir vor (und mich beinahe hinaus), ich hätte den mir für Theater- und Literaturkritik zur*

*Verfügung gestellten Platz mißbraucht und damit das Blatt schwer geschädigt.*

*So beabsichtigte das ‚Kinobuch', nicht nur der jungen Film-Produktion Anregungen durch eine junge Autoren-Generation zu geben, sondern es wollte zugleich eine positive Antwort sein auf die dünkelhafte Gegnerschaft, wie sie in der Reaktion auf jene Kritik und andernorts manifest geworden war. Mein mutiger Verleger Kurt Wolff stand auf meiner Seite und brachte den Leipzigern zum Trotz im selben Jahr noch das ‚Kinobuch' heraus, ließ sogar jedes Exemplar in eine von Ludwig Kainer knallig in Rot und Schwarz auf Weiß gezeichnete Lithographie binden: drei davoneilende Vermummte darstellend, die grade einen vierten Maskierten niedergestochen haben, während eine neben ihm kniende Frau in Verzweiflung Gesicht und Arme zum Himmel aufwirft. (Dieser Einband konnte leider in der Neu-Ausgabe nicht wiedergegeben werden.)*

*Meiner Aufforderung hatten 15 Literaten entsprochen. Einer schickte gleich zwei Kinostücke, das erste unter seinem wirklichen Namen, mit dem er als Romanschriftsteller zeichnete: Richard A. Bermann, das zweite unter seinem Pseudonym als Feuilletonist und Reiseschriftsteller Arnold Höllriegel. Unser Senior Franz Blei hatte einen Brief gesandt, in dem er die «Einladung, ein Kinostück zu schreiben, mit diesem Vorschlag vieler Kinostücke beantworte ...: Man filme Lebensläufe von Menschen unserer Zeit ... das Nächste, das uns so fremd ist.»*

*Der heutige Leser möge niemals vergessen, daß diese Versuche von Filmszenarios junger Autoren – die verallgemeinernde Bezeichnung ‚Expressionismus' für sie war grade aufgekommen – im Frühjahr 1913 geschrieben wurden, als die Technik der Aufnahmeapparate, der Lichtverwendung, der Einstellungen und der bewegten Kamera noch im frühen Stadium war, und daß es sich um Stummfilme handelt, die auf das Wort sowohl als Dialog wie als erklärende Schilderung verzichten mußten, bis auf die Zwischentitel. Und man wird beobachten, wie die meisten Autoren diese Zwischentitel entweder ganz vermeiden, oder sie nur in geringstem Ausmaß oder als gelinde Satire gebrauchen.*

*Freilich sind einige dieser Kinostücke – und hier stimme ich mit dem unbedingten Enthusiasmus in dem anfangs zitierten Gesamturteil des Filmhistorikers von Zglinicki nicht ganz überein –, wenn auch ihre Grundidee und Aktion durchaus filmisch gedacht und gesehen sind, doch in Ausführung und Einzelheiten zu sehr in die Technik der Erzählung geraten und enthalten psychologische Einzelheiten oder wichtige Dialogandeutungen, die der Stummfilm weder durch visuelle, pantomimische Mittel darstellen, noch durch kurze Zwischentitel verständlich machen kann.*

*Merkwürdig ist, daß die einzelnen Autoren in Gesinnung und Stil auch in diesem neuen Medium sich treu blieben und dennoch dem Kino gaben, was es – zumindest nach ihrer Meinung – brauchte: vom blühend-romantischen Edelkitsch der Elsa Asenijeff bis zur zarten oder gefährlichen Idylle des Tschechen Frantisek Langer und des Arztes Philipp Keller, von der Häufung feuilletonistischer, filmzauberischer Einfälle in den Skizzen Bermann-Höllriegels bis zu der orientalischen Märchenvision der Else Lasker-Schüler, von der Nutzung neuer technischer Möglichkeiten für phantastische Tricks in den Szenarios von Max Brod und Kurt Pinthus bis zu den großen sozialen Aufruhrbildern in den Filmen des Aktivisten Ludwig Rubiner und des ehemaligen Bergarbeiters Paul Zech, von den tragikomischen Abenteuern Walter Hasenclevers oder Otto Picks bis zur Rüpel-Groteske der Julie Jolowicz und zur Satire von Homers klassischem Dichterschicksal des bitteren Albert Ehrenstein, der dies Kinostück so liebte, daß er es immer wieder in Sammlungen seiner Werke aufnahm.*

*Die Einsendung des genialen Vagantendichters Heinrich Lautensack «Zwischen Himmel und Erde» aber bedeutete eine besondere Überraschung: er schickte das vollständige Drehbuch eines «bereits aufgeführten» Films und bewies damit, daß auch wirkliche Dichter bereits Filme geschrieben hatten, wenn zwar anonym (wie viele mögen, des Geldes wegen, in jenen Jahren das Gleiche getan haben!). Aber Lautensack, der insgeheim berufsmäßig für Filmgesellschaften arbeitete, bewies auch, daß es schon eine ganz bestimmte Form für Drehbücher gab, sowohl in der strengsten logischen Verknüpfung der Einzelheiten einer kraß-*

*filmischen Handlung und (auf dem Höhepunkt) mit einem ineinandergeschnittenen, gleichzeitigen Parallelgeschehen, wie vor allem auch in einem literarischen Stil, der Spannungen, Tempo, Intensitätsverstärkung und sogar Angaben für die Kamera-Einstellungen in sich schließt –: eine Art expressionistischer Filmszenario-Stil, den dann um 1920 der Klassiker der Stummfilm-Drehbücher Carl Mayer zur Vollendung gebracht hat.*

*Das ‚Kinobuch' erschien in jenem Jahr 1913, das den entscheidenden Wendepunkt in der Entwicklung der deutschen Film-Produktion bedeutet hat. 1913 war das Jahr, in dem der damals größte deutsche Schauspieler Albert Bassermann, der bisher so kamerafeindlich war, daß er nicht einmal erlaubte, photographiert zu werden, zum ersten Mal im Film erschien, in einem ‚Autorenfilm' – so nannte man damals Filme nach Werken bekannter Autoren –, hier nach Paul Lindaus Drama ‚Der Andere', ein psychopathisches Thema behandelnd: der selbstgerechte schizophrene Staatsanwalt entdeckt allmählich, daß er nächtens eine Doppelexistenz als Verbrecher lebt. Bassermanns unerwartetes Auftreten im Film bewirkte, daß zum ersten Mal die gesamte Theaterkritik Berlins ins verachtete Kino ging (Cines-Palast am Nollendorfplatz) – und des grandiosen Mimen filmische Darstellung als entwürdigend verriß. Noch ein zweiter großer Schauspieler, Paul Wegener, spielte nicht nur, sondern schuf in diesem Jahr den ersten nach Inhalt und Verwirklichung bewußt ‚künstlerischen' Film: ‚Der Student von Prag', gleichfalls (zufällig) ein Doppelgänger-Abenteuer nach dem Szenario des zu jener Zeit vielgelesenen Verfassers phantastischer Geschichten Hanns Heinz Ewers. Dies Szenario wurde aufs sorgfältigste durchgearbeitet in Gemeinschaft mit dem Kopenhagener Regisseur Stellan Rye, dem außerordentlichen Kameramann Guido Seeber und vor allem mit Paul Wegener, der das Ganze inspirierte und überwachte. Der wegen neuartig-erregender Handlung, bisher nie gesehener photographischer Effekte (Wegeners Spiegelbild tritt leibhaftig aus dem Spiegel ihm gegenüber), ungewöhnlich ausgeleuchteter Szenerien und schöner Landschaftsbilder vielbewunderte Film ging sofort als erster deutscher Film über die ganze Welt.*

*In diesem Jahr 1913 drehte auch Berlins Theaterfürst Max Reinhardt mit seinen Schauspielern seinen ersten Film ‚Venetianische Nacht' – weniger ein Film als eine ‚Phantastische Pantomime', wie der Dichter Carl Vollmöller selbst sein opus nannte. Kein Wunder, daß in diesem Jahr, seit diesem Jahr, nach Bassermanns, Wegeners und Reinhardts filmischer Betätigung die bedeutendsten Darsteller Berlins, und nicht nur Berlins, trotz des Widerspruchs der Bühnengenossenschaft (der Schauspieler) und des Bühnenvereins (der Direktoren), zum Film strömten. So erscheinen in Wien die beiden populärsten Operetten-Sänger Alexander Girardi und Hansi Niese 1913 zum ersten Mal im Film; in Berlin tritt einer der Schöpfer des realistischen Theaters, Emanuel Reicher, zusammen mit seinem Sohn Ernst Reicher in ‚Heimat und Erde' auf, und dieser Ernst Reicher beginnt unter der Regie von Joe May die erste Serie von gutgefügten Detektiv- (‚Stuart Webbs')Filmen; Asta Nielsen hat einen besonderen Erfolg in dem sozialen Bild ‚Vordertreppe – Hintertreppe' (acht Jahre bevor Leopold Jessner seinen ersten in Thema und Titel ähnlichen Film ‚Hintertreppe' fertigt), und die ergreifendste Menschendarstellerin Europas, Eleonora Duse, spielt ihre erste und einzige Filmrolle nach dem Roman ‚Cenere' (‚Asche') der Nobelpreisträgerin Grazia Deledda.*

*Im Jahre 1913 war es auch, als der bereits berühmte Kameramann Guido Seeber das Publikum mit dem Trickfilm der marschierenden Streichhölzer in Erstaunen setzte, als die ersten ‚absoluten' oder abstrakten Filmstreifen hergestellt wurden und die ‚Kinematographische Studiengesellschaft' sich gründete zwecks Herstellung wissenschaftlicher und pädagogischer Filme. So war Kino und Film (in gleichzeitigen Broschüren wie ‚Kintopp – eine öffentliche Gefahr', ‚Ein Feind unserer Kinder – ein Feind unseres Volkes' als ‚Vergiftete Geistesnahrung' und von dem großen Professor der Ästhetik Konrad Lange gar als hergestellt von «halbgebildeten, ästhetisch gefühllosen, ethisch gleichgültigen, kurz, geistig minderwertigen Menschen» fanatisch bekämpft) mit diesem Jahr 1913 ziemlich plötzlich gesellschaftsfähig, literaturfähig, ja kunstfähig geworden, von einer ‚Kulturschande' zu einer höchst achtbaren Darbietung von unabsehbarer*

*Entwicklungsmöglichkeit avanciert. Und deshalb willigten 1913 allmählich auch die bisher sehr ablehnenden oder zurückhaltenden sogenannten bekannten Autoren zu Dutzenden ein – von Hauptmann, Schnitzler, Sudermann, Halbe bis zu den Jüngeren wie Herbert Eulenberg, ihre Werke zur Verfilmung freizugeben. Freilich wurde die Verarbeitung und oft Verschandelung der Romane und Dramen von anonymen Anderen durchgeführt; in dieser Epoche hat sich kaum ein ‚bekannter' Autor um die filmische Verarbeitung seines Werks gekümmert, geschweige denn selber ein Kinostück, ein Filmszenario verfaßt; wahrscheinlich war H. H. Ewers der einzige bekannte Autor, der sich, allerdings in der besten künstlerischen Gesellschaft, zu einem eigenen Film bekannte.*

*Und dies nun scheint mir, nach 50 Jahren historisch betrachtet, das Neuartige, Mutige, in der Filmgeschichte des Jahrzehnts 1910–1920 sicherlich Einmalige gewesen zu sein, daß in jenem Jahr 1913, im Gegensatz zu den ‚bekannten' Autoren, im ‚Kinobuch' mehr als ein Dutzend jüngere Autoren auf eine bloße Anregung hin, ohne Rücksicht auf literarische Reputation und ohne Absicht filmischer Verwertung dennoch Stücke ganz bewußt für das Kino, für die ihnen neue rein visuelle Technik, für den Film der Zukunft geschrieben haben. Wenn der Schriftsteller Friedrich Freksa damals sagte: «Die Phantasie des Dichters fährt noch in der Postkutsche, während die Phantasie des Technikers schon im Aeroplan daherbraust; darum soll die wundervolle Erfindung des Films nicht verdammt werden», so haben die Autoren des ‚Kinobuchs' ihre Phantasie mächtig daherbrausen lassen, angereizt durch die «wundervolle Erfindung des Films» – und für sie. In Prag scheint die Anregung besonders heftig gewirkt zu haben, nicht nur Max Brod und seine Freunde, sondern auch der nur in tschechischer Sprache schreibende Frantisek Langer sandten Beiträge; Franz Kafka, wie seine Tagebücher und Briefe zeigen, war ein früher Verehrer des Films, und sein Freund Otto Pick schrieb im Februar 1913 an den Maler des Phantastischen, Alfred Kubin: «Wir versuchen jetzt alle, Kino-Dramen zu schreiben! Es ergeben sich Möglichkeiten, die Sie locken müßten...»*

*Einige Autoren des ‚Kinobuchs' haben auch weiterhin aktiv oder kritisch sich um den Film bemüht, besonders Walter Hasenclever: 1920 erschien sein Film ‚Die Pest', der erste Filmtext, der in Buchform (Folioformat) gedruckt wurde; er hat in Hollywood für Greta Garbo ‚Anna Christie' nach Eugene O'Neills Drama geschrieben, und in seinem Nachlaß finden sich eine Anzahl ausgeführter Drehbücher und Filmentwürfe. Nach 1920 allerdings, nach dem ‚Kabinett des Dr. Caligari' und während der Entwicklung des Stummfilms in den zwanziger Jahren zu einer künstlerischen Vollendung, die der Tonfilm erst jetzt gelegentlich wieder erreicht, scheuten sich die literarischen Autoren nicht mehr, an der Filmversion ihrer Werke mitzuarbeiten oder Filmszenarios zu entwerfen; auch Georg Kaiser und Hugo von Hofmannsthal haben höchst eigenartige Filmstücke verfaßt.*

*Aber dies gehört in die allgemeine und spätere Geschichte des Films, in die unser neues Vorwort zum alten ‚Kinobuch' nicht einmünden will. Wohl aber sind noch zwei Schlußbemerkungen nötig. Diese Neu-Ausgabe ist ein Neudruck, sie soll dokumentarischen Wert für die Frühgeschichte des Films haben; deshalb sei versichert, daß in den Texten des ‚Kinobuchs' nichts weggelassen oder hinzugefügt wurde, von der damaligen Einleitung bis zur letzten Zeile nichts verändert (außer offensichtlichen Schreib- und Druckfehlern; von den zahlreichen eingeklammerten Bemerkungen in einigen Texten sind die rein filmtechnischen in eckige Klammern gesetzt, die übrigen blieben in runden Klammern).*

*Aus dem bio-bibliographischen Verzeichnis der Beiträger am Schluß des Bandes kann man ersehen, daß fast alle Autoren des ‚Kinobuchs' in tragischer Weise zu Grunde gegangen sind: die meisten starben elend im Exil, zwei im Irrenhaus; nur ein einziger lebt (während dies geschrieben wird) noch in Deutschland, je ein anderer in Israel, in Prag, in den Vereinigten Staaten. Vielleicht bedeutet es eine kleine Genugtuung für die, welche im Unglück starben, daß mit dem Neuerscheinen dieses Buchs ihre Einfälle und Ideen, Abenteuer und Menschen, einst für die imaginäre Leinwand erdacht, nun wieder im weiteren Raume flattern.*

*New York, Mai 1963* *K. P.*

*KURT PINTHUS*

# EINLEITUNG: DAS KINOSTÜCK [1913]

Dem Urteil des Lesers ist es anheimgestellt, dies Kinobuch für einen unterhaltsamen Scherz zu erachten oder für ein ernstliches Bemühen, dem in Verlegenheit harrenden Kino neue Stücke und Anregungen zu schenken.

Die Berechtigung belehrender Films bestreitet niemand, geleugnet aber wird bisweilen die Möglichkeit des Kinostücks. Drum ist zu Beginn eines Buches Kinostücke das Wesen des Kinostücks zu erörtern.

Man scheide zwischen Kinodrama und Kinostück. Das Kinodrama, welches Theaterdramen verfilmt oder Romane dramatisiert, muß absterben. Denn dies ist der Hauptfehler des Kinos: daß es sein eigentliches Wesen zu mißachten beginnt. Das Kino will Theater werden, ohne zu erkennen, daß es nichts mit dem Theater gemein hat. Das Kino wird sich nur halten und entwickeln können, wenn es wirklich Kino sein will, also wenn es sich seiner unendlichen Möglichkeiten erinnert und aufgibt, der Schaubühne nacheifern zu wollen.

Die Grenze zwischen Kino und Schaubühne muß schärfstens statuiert werden. Kurze Überlegung fördert dies Urteil: Das Wesentliche der Schaubühne ist Entwicklung eines Schicksals, ausgedrückt durch das Wort; das Wesentliche des Kinostücks: unterhaltsames Milieu, belebt durch handgreifliche Handlung, ausgedrückt durch Bewegung und Geste. Das Wesentlichste des Theaters ist dem Kino versagt: der Dialog, das Wort. Den Hauptinhalt des Kinos aber machen gerade die Möglichkeiten aus, welche das edle Theater meidet oder nur andeutet: belebte Natur, fremdartiges Milieu, überraschende Tricks, stark bewegte Szenen.

Je besser eine Theaterszene ist, um so unkinogemäßer muß sie sein, je kinogemäßer eine Szene, um so unmöglicher wird sie auf dem Theater. Jede gute Theaterszene: gespitzter Dialog, Enthüllung, Vordeutung, Verwicklung wirken im Kino dargestellt matt, weil eben das Wort fehlt. Ein wirksamer Aktschluß, beispielsweise die Enthüllung einer furchtbaren Tatsache, Mitspieler und Zuhörer erschütternd, wird auf dem Film nur ein lautloses Geklapper der Unterkiefer und einige entsetzte Gesten erzeugen, und selbst das erklärende Täfelchen bleibt wirkungslos. Man erinnere sich hingegen des Films ‚Quo vadis‘: da waren die schönsten, aufwühlendsten, kinogemäßesten Bilder: der Brand Roms, das Prunkleben am Hofe Neros, die Arenaszenen. (Alle diese Massenbewegungen und Katastrophen hätte das Theater gar nicht oder nur schwach angedeutet vorführen können.)

Jedes Theaterstück, verfilmt, ergibt ein rohes Exzerpt, verständlich nur durch unzählige erklärende Inschriften. Deshalb ist es frevelhaft, Stücke, die für die Technik des Theaters geschrieben sind, überhaupt zu verfilmen. Das Kino-‚Drama‘ an sich verstößt gegen das Wesen des Kinos.

Eins aber, wird eingeworfen, ist Theater und Kino gemeinsam: der Mensch, der Darsteller. Jedoch nicht einmal den Schauspieler haben Theater und Kino gemein, denn jeglicher Kinoregisseur wird bestätigen, daß meistens ein guter Theaterschauspieler kein guter Kinodarsteller ist, und will er einer werden, so muß er umlernen.

Die Mimik des Kinos muß eine andere sein als die des Theaters: die des Theaters ist gebunden und verknüpft ans Wort – die des Kinos muß ohne Wort bestehen und verständlich werden. Muß deshalb derber, einprägsamer, gewaltsamer sein.
Viel mehr als dem Theaterstück könnte das Kinostück dem Roman ähnlich genannt werden. Während im Drama die Personen auf der Bühne festgehalten sind, kann im Kino wie im Roman der Zuschauer sich mit den Handelnden fortbewegen, und in steter Bewegung, unabhängig von räumlicher Begrenzung, Handlungen ausführen sehen. Er reist von Posemuckel nach Amerika oder besteigt den Eiffelturm. Das Kinopublikum ist im wesentlichen ein Romanlesepublikum. – Aber ein verfilmter Roman wird lediglich Illustrationen zur Erzählung geben: Milieudetails, Erläuterungen, Episoden. Ohne die primitiv erklärenden Texttafeln würde die Roman- (wie die Dramen-) Handlung unverständlich bleiben.
Der Irrweg und Niedergang des Kinos begann in dem Augenblick, als das Kino sein eigentliches Wesen vergaß, unselbständig wurde, sich anschickte, vorhandene Werke der Dichtung zu verfilmen. Statt für seine Möglichkeiten eigene Stücke (nicht Theaterstücke) erfinden zu lernen. Elend wäre das Kino, seine Unfruchtbarkeit erwiesen, wenn es nicht selbst aus seiner Art Stücke erzeugen könnte. Bevor also das Wesen des Kinostücks entschält werden kann, muß man sich wieder auf das fast vergessene urtümliche Wesen des Kinos besinnen.

Wenn der Mensch wirklich Theaterstücke sehen will, so geht er eben ins Theater, nicht ins Kino. Was also will er im Kino?
Ins Kino treibt den Menschen die Gier: den Kreis seines Wissens und Erlebens auf einfachste und schnellste Weise zu erweitern.
Der Schüler will die Prärien seiner Indianerbücher, selt-

same Menschen bei seltsamen Verrichtungen, die üppigen, menschenfremden Ufer asiatischer Flüsse sehen. Der bescheidene Bureaubeamte, die im Haushalt eingespannte Frau sehnen sich nach schimmernden Festen der eleganten Gesellschaft, nach fernen, leuchtenden Küsten und Gebirgen, zu denen sie niemals reisen werden. Und die Wissenden oder Reichen freuen sich, die Entwicklung der Seidenraupe kennen zu lernen oder einer wirklichen Schlacht beizuwohnen. Aller Herzen dröhnen, wenn die Armeen jener Soldaten mit verzweifelt gehärteten Gesichtern aufziehen, wenn die Granaten qualmschleudernd zerplatzen und der Kinoapparat unbarmherzig das Schlachtfeld durchschreitet, starre und verstümmelte Leichen sinnlos getöteter Krieger in sich fressend.
Aber auch der unbedeutendste, unkomplizierteste Mensch fühlt irgendwo in sich unbewußt das, was der große Sophokles vor zweieinhalb Jahrtausenden unsterblich aussprach: Πολλα τα δεινα κ' ουδεν ἀνδρωπου δεινοτερον πολει. Vieles Gewaltige gibt es, doch nichts ist gewaltiger als der Mensch (und Menschengeschick). Darum will der Mensch seinesgleichen sehen. Er will im Kino den Menschen und sein Schicksal sehen. Und nicht nur seinesgleichen, nicht nur die Menschen seiner Umgebung, sondern auch die ferneren, geahnten, unerreichbaren: die Menschenformen, in die zu verwandeln er sich sehnt, oder die er haßt und höhnt. Und so begehrt er zu schauen: gebietende Herrscher, Mohren, erfolgreiche Detektive, belohnte edle Arme, gefoppte Schutzleute, getrennte Liebespaare, Verbrecher, Kranke, Helden, schöne Frauen, Wüstlinge, Schwiegermütter, Millionäre.
Der im immer gleichen Alltag arbeitende Mensch unserer Tage wird in der Muße alsbald zum Romantiker. Er will nicht nur etwas Realistisches sehen, sondern dies Realistische soll in eine idealere, phantastischere Sphäre erhoben sein. Die Welt soll mit Abenteuern und Seltsamkeiten gespickt sein (wie ein Sonntagsbraten), eine plausiblere Logik soll obwalten, die Schwere und Kausalität

soll von den Dingen abfallen. Und all dies findet der Mensch im Kino.

Der Mensch sieht den Reichen täglich im Auto vorübersausen; aber wie der Überfall auf dies Auto vorbereitet wird, wie niederträchtige Burschen ein Seil über die Chaussee spannen, wie im letzten Augenblick ein wackerer kleiner Ingenieur das Auto anhält und schließlich die Tochter des geretteten Reichen heiratet – das sieht man nur im Kino. Jeglicher fährt in der Eisenbahn, aber er erlebt nicht, wie der Zug durch ungekannte, exotische Länder rast, wie der Zug plötzlich über Flur und Gebirg fliegt, oder gar wie ein ahnungslos auf den Schienen spielendes Kind gerettet wird, weil es gerade einem Schmetterling nachläuft. Man hat noch nie gesehen, und lacht darum unbändig, wenn es tatsächlich vorgeführt wird, daß Leute plötzlich auf den Köpfen stehen, ein Wagen in stürzendes Geschirr fährt oder eine Schwiegermutter über die Dächer der Häuser flieht. Drum geht der Mensch ins Kino. Auch ausgedörrte Seelen lassen gern und billig süßen, wilden Saft in sich kochen.

Und so müssen sich die ernsten Kunstfreunde mit der vielleicht schmerzlichen Erkenntnis abfinden, daß der Kinobesucher das Ungewöhnliche, das Übertriebene im Kino sucht, neben dem Exakt-Tatsächlichen und Grotesken vor allem das, was man Kitsch genannt hat. Man muß sich an den Gedanken gewöhnen, daß der Kitsch niemals aus der Menschenwelt auszurotten ist. Nachdem wir uns jahrzehntelang bemüht haben, den Kitsch vom Theater zu vertreiben, erwacht er wieder im Kino. Und man sei überzeugt, wäre das Kino nicht erschienen, das Volk hätte den von der Schaubühne vertriebenen Kitsch anderswo wiedergefunden (so tatsächlich in der Operette). Wie ja andere von der Bühne gejagte Künste ins Varieté geflüchtet sind. Vielleicht ist es sogar von Vorteil für eine Aufblüte ernster dramatischer Kunst, daß die, welche früher im Theater den Kitsch gesucht haben, jetzt ins Kino gehen: die Reise um die Erde in 80 Tagen, Verwechslungsstücke, Kriminaldramen wird sich nunmehr niemand im Theater, sondern nur noch im Kino ansehen wollen.

Die Bekämpfer des Kinos aber mögen dies bedenken: Ist es nicht etwas Großes, wenn kleine Kaufleute, die Tag für Tag in ihrem Laden, Arbeiter, die an ihrer Maschine stehen, wenn alte Frauen, zermürbt und zerdrückt vom unerfüllten Leben, wenn zierliche Ladenmädchen und plumpe Kindermädchen, erfüllt von ungelebtem Leben, wenn Reiche und Dichter, fast erstickt von gelebtem Leben – plötzlich vor einem Film aus dem Gleichmaß ihrer Stunden herausgerissen werden? So daß sie glauben (während die Alltagswelt versinkt), Engel tragen schwebend ihre Herzen zum Himmel oder Teufel würgten ihre Seele zum Fegfeuer hinab, – so daß Tränen dem sonst gleichgültigen oder nur neugierigen Auge entquellen, und ihr bewegtes Gemüt erst vor einer lieblichen Seelandschaft mit windbewegtem Gebüsch und langheranrollenden, friedsamen Wellen zur Ruhe sinkt?!
Drum können wir jüngeren Dichter und Schriftsteller, die wir glauben, daß Lebenserhöhung (vielleicht auch Kunstgenießen) heißt: Erschütterntwerden im Tiefsten, Menschlichstes und Metaphysisches aufrütteln, – wir können das Kino (trotzdem es ein Feind der höheren Kunst ist) nicht bekämpfen. Es entzückt durch Bewegung der Massen. Es erregt uns durch Niegeschehenes. Es weitet Horizonte. Es erschüttert die Herzen. Und Erschüttertwerden heißt (o Aristoteles, Lessing, Schiller, Nietzsche): edler und glücklicher werden ...
Wenn der Beschauer die verlassene Frau in der Schneewüste unter dem Nachtfirmament von Wölfen bedrängt erblickt, so keimt in ihm leise die Empfindung der Einsamkeit und Ohnmacht des Menschen im Kosmos. Wenn der Geplagte über eine groteske, überschnell bewegte Verfolgungsszene in lautes Lachen ausbricht, so springt er aus der Qual des Alltags heraus. Und wenn der Jüng-

ling oder die Dirne erschauert, weil auf dem Film die Geliebte, sich gräßlich opfernd, für den Geliebten stirbt, so dämmern in ihnen edle Gefühle, die – dem Himmel sei Dank – die Natur im Menschen blühen läßt, wie in dürrer Sandhalde jene zarte Erika.
Also was höchste Kunst will (o Aristoteles, Lessing, Schiller, Nietzsche) erreicht das Kinostück mit rohen, primitiven Mitteln: Menschlichstes, Metaphysisches aufrütteln ... edler, glücklicher werden (ohne deshalb Kunst zu sein).
Und es ist wohl nicht die Schuld der Menschen, daß von jeher der größte Teil der Menschheit auf solche primitive, rohe Reize – auch in fortgeschrittenen Kulturen – schneller reagiert als auf höchste Kunst.

Wenn darum der Mensch im Kino außer dem Exakt-Berichterstatterisch-Tatsächlichen noch anderes zu sehen begehrt, – wie etwa sollen solche Kinostücke beschaffen sein? Befriedigung der Wissensgier und Erschüttertwerden oder Belustigtsein durch Menschengeschick müssen vereinigt werden. Das, was unsere Sinne lockt: schöne und fremde Landschaften, gesellschaftliche Kultur, bunte und seltsame Milieus, groteske Situationen, ungekannte Institutionen und Völker, das Wunderbare muß verknüpft und belebt werden durch das, was unsere Herzen weckt: Menschenschicksal, Menschentat, Liebesgeschichten, Verrat, Aufopferung, Intrigen, fröhliche Weltbetrachtung, aufwühlende Traurigkeit, Spannung, Abenteuer, Ruhe.
Das Kinostück ist, so wurde nachgewiesen, kein Theaterstück. Das hauptsächliche Ausdrucksmittel des Theaters: das Wort, der Dialog ist dem Kino versagt. Was also sind die Ausdrucksmittel des Kinostücks?
Das erste Ausdrucksmittel des Kinostücks ist das unbegrenzte Milieu. Das Geschehnis kann sich abspielen im Paradies, auf den Schneefeldern des Himalaya, in einer Spelunke, auf dem orkanzerwühlten Ozean. Das Milieu macht das Geschehnis «interessant», entrückt uns aus

der grauhaften Gewöhnlichkeit des Alltags in die Buntheit der Welt. Einfachstes Geschehen in die fremden Gassen, die üppige Natur, die Stierkampfarena Sevillas oder ins uralte Ninive verpflanzt, reißt unsere Herzen auf.
Das zweite Ausdrucksmittel des Kinostücks ist Bewegung. Bewegung in doppelter Bedeutung: Bewegung als Geste und als Tempo. Die diabolische Mimik des Verbrechers, das zarte Hinschmelzen des verliebten Mädchens, die katzenschlanken, langfingrigen Bewegungen der erlebensgierigen Frau mit dem Knabenkörper ergreifen uns ebenso, wie uns im Tiefsten entzücken jene Horden heransprengender Pferde, der Spaziergang an den stürzenden Wassern des Niagara, der Alpenflug im Aeroplan. Und wir lachen, wenn auf einer Verfolgungsjagd die Menschen plötzlich so schnell zu rennen anfangen, wie wir noch niemals Menschen haben rennen sehen, – so schnell, als würden sie auf einer Rollbahn in rasendem Tempo vorübergezogen.
Des Kinostücks dritte Ausdrucksmöglichkeit ist die Situation, der Trick. Wir fallen in Erregung, wenn wir eine Verknüpfung der Geschehnisse sehen, die wir bisher noch niemals erlebt haben. Und diese Erregung, das Wunderbare, Ungewöhnliche, Unerhörte, sucht der Mensch im Kino (weil es ihm im Leben zu selten geschieht). Deshalb will der Mensch vor jener Zündschnur zittern, die, vom Rachsüchtigen angezündet, ein Bergwerk zu Schutt zersprengt, deshalb will er das auf dem Seil zwischen zwei Häusern turmhoch balancierende Paar beobachten, deshalb wartet er darauf, daß der Eisenbahnzug ohne Führer ziellos in die Welt rast oder plötzlich zu fliegen beginnt.
Und das Bindende dieser drei Ausdrucksmittel ist der Mensch und sein Geschick. Der handelnde Mensch, das Menschenschicksal, knüpft aus Milieu, Bewegung und Situation das Kinostück. Stärksten Anteil nimmt der Mensch erst am Film, wenn er seinesgleichen, den, welchen er liebt oder haßt, in den Landschaften, in den Stu-

ben, in den gefährlichen und grotesken Situationen und Bewegungen erblickt. Denn die Abenteuer des Menschen auf dem Film werden seine eigenen Abenteuer. Und so muß das Kinostück die in allen Menschen niedergedrückte Gier zum Erlebenwollen, zum Umfassenwollen alles Menschenschicksals und alles Erdengeschehens aufstacheln – und zu befriedigen suchen ...

Diese Meinungen stellen die Überlegungen eines Einzelnen dar. Weder sind sie aus gemeinsamen Erörterungen der Autoren dieses Kinobuchs emporgewachsen, noch sind sie als grundsätzliches Programm-Rezept an die Autoren versandt worden. Dennoch bestätigen die Kinostücke der in verschiedensten Gegenden Europas lebenden Autoren des Buches die Ergebnisse dieser Einleitung. Jeglicher wußte, es ist Wahnwitz, im Kino das hohe Drama nachzuahmen, – edelste Kunst kann das Kino niemals geben. Das Schönste im Kino ist das Wunderbare. Drum wollten die Autoren nicht viel mehr geben als mechanisierte Erfindung und Erregungen des Gemüts. Sie kurbelten ein buntes Potpourri der Milieus, der Situationen, der Schicksale, der bewegten sozialen und grotesken Bilder schmetternd, lustig und traurig herunter. Immer bewußt: dies ist keine hohe Kunst, keine Seelenkunst, keine Theaterkunst. Wir schreiben nur Stücke fürs Kino, nicht fürs Theater. Und mischen alles, was im Kino möglich ist, Ernstes und Lächerliches, Schönes und Schauriges; und gerade dem Schrecklichen wird die Ironie mildernd zugesetzt.
Während bisher die geschriebenen Entwürfe der Kinostücke unbekannt geblieben sind, versuchte jeder der Autoren dieses Buches irgendeine literarische Form zu finden, die dem Kino irgendwie adäquat ist. Da diese Form weder die Novelle noch das Drama sein durfte – denn das Drama ist aufgezeichnetes Theater, die Novelle aufgezeichnete Erzählung –, so mag es ergötzlich und unterhaltsam sein, zu sehen, wie die Schriftsteller eine Form suchen, die in etwa aufgezeichnetes Kino ist.

Knappste, zusammengedrängteste Formen des Kinostücks haben wir erstrebt; wir bemühten uns, kinematographisch zu sehen, jede Situation verfilmbar zu erfinden. Aber wir wissen, diese Stücke sind blind wie – spricht Kant – Anschauungen ohne Begriffe. Erst der Kinoregisseur kann das in diesem Buche Aufgezeichnete zu spaßhaftem und rührendem Leben erwecken.
Und auch der Leser kann in seiner Phantasie diese kleinen Bouillonwürfel zu schmackhaften Suppen auflösen, diese Ereigniskonglomerate in erregende, bunte Träume verwandeln. Er kann sein eigener Regisseur sein und je nach seinem Temperament das Tempo befeuern oder zügeln. Gerade weil so viel Tatsächliches in diesem Buche eng zusammengedrängt ist, steigt eine unwirkliche, romantische, groteske, abenteuerliche Welt aus dem Gewirr der wirklichen Sätze. Und vielleicht spiegelt sich in dieser unwirklichen (im Kino aber verwirklichten) Welt mehr ab von unserer wirklichen Erdenwelt als wir zu glauben vermeinen.
Darum ist es eigentlich gleichgültig, ob diese Kinostücke jemals über die weiße Wand flimmern werden, oder ob sie bleiben wie sie entstanden: Kino der Seele.

*RICHARD A. BERMANN*

# LEIER UND SCHREIBMASCHINE

Vom heißgeliebten Kino heimkehrend soll ein kleines braunes Schreibmaschinenmädchen ihrem lächelnden Freunde so von einem Film erzählen:
Also das war einmal ein Film, der klar beweist, wie wichtig wir Stenotypistinnen sind – wir, die wir Euere Gedichte abschreiben, aber manchmal auch verursachen. Sieh, da wurde zuerst gezeigt, wie Ihr ohne uns seid, Ihr Dichter. Einer von Euch – mit langen Haaren und hoher Krawatte, so ein Stolzer, der keine Ursache hat – also der sitzt zu Hause am Schreibtisch und kaut an einem riesiglangen Federhalter. Vielleicht hat er sonst nicht viel zu essen, aber warum auch? Arbeitet der Kerl denn? Er rennt nervös im Zimmer herum. Er schreibt einen Vers auf ein komisch gefaltetes Blatt. Er stellt sich vor den Spiegel und deklamiert den Vers und bewundert sich. Er legt sich sehr befriedigt auf den Diwan. Er steht wieder auf und kaut weiter – es fällt ihm absolut nichts mehr ein. Er zerreißt wütend das Blatt Papier. Man sieht ihm an, er kommt sich verkannt vor, weil er nichts zustande bringt. Er zieht sich einen romantischen Mantel an und eilt ins Literaturcafé. Es ist Sommer, er kann draußen auf der Straße sitzen. Da

kommt *sie* vorbei – eine sehr blonde, energische Muse. Er ruft in Hast den Kellner und bleibt ihm feierlich die Melange schuldig. Er eilt der Muse nach. Sie fährt mit der Untergrundbahn. Er hat zum Glück noch zehn Pfennig und fährt auch. Beim Verlassen der Station spricht er sie an, aber sie ist nicht so eine und läßt ihn ablaufen. Na, so steigt er ihr weiter nach. Sie tritt in ihr Haus, zieht einen Liftschlüssel, fährt hinauf. Er rennt wie ein Rasender über die Treppe und kommt gerade oben an, wie sie ihre Wohnungstür zuschlägt. An der Türe aber prangt ein Schild:

MINNIE TIPP
*Schreibmaschinenbureau*
*Abschrift literarischer Arbeiten*
*Diktat*

Er klingelt. Man öffnet. Minnie Tipp sitzt schon wieder fleißig an der Schreibmaschine. Sie will ihn hinauswerfen, aber er bedeutet, er sei ein Kunde und wolle diktieren. Er stellt sich in Positur und diktiert: «Mein Fräulein, ich liebe Sie!» Sie schreibt es, und die Schrift wird auf der weißen Wand gezeigt. Aber sie wirft ihm den Wisch vor die Füße, setzt sich wieder und schreibt: «Ich habe keine Zeit für müßige Flaneure. Wenn Sie literarische Arbeiten abzuschreiben haben, kommen Sie wieder. Adieu!»
Na, was kann er gegen so viel Tugend tun? Er geht ziemlich begossen heim und verzweifelt vor dem Spiegel. Er holt Papier, sehr viel Papier und möchte nun darauf losdichten. Aber er kaut nur und der Federhalter wird kurz. Er legt sich nieder auf seinen infamen Diwan. Da erscheint ihm Minnies Bild – wie sie brav und fleißig und energisch tippt. Sie hält ihm ein musterhaft geschriebenes Blatt entgegen, darauf steht: «Ich würde Dich ja auch lieben, wenn Du etwas Tüchtiges leisten könntest!» Das Bild verschwindet und er setzt sich wieder an den Schreibtisch. Siehe da, nun erscheint in einer dunklen Zimmerecke der Knabe mit Bogen und Köcher. Er huscht zum Tisch, an

dem der Dichter brütend sitzt und gießt aus dem vollen Köcher Tinte in das sterile Tintenfaß des Dichters. Dann setzt sich der Knabe mit gekreuzten Beinen auf den Diwan und sieht zu. Der Dichter taucht die Feder ein – jetzt läuft sie ganz von selbst. Kaum hat die Feder das Blatt berührt, so ist es mit den herrlichsten Versen beschrieben und flattert davon. Gleich ist das ganze Zimmer voll von Manuskripten. Der Dichter packt einen ungeheuren Stoß beschriebener Blätter unter den Arm und rennt zu Minnie. Nun, jetzt sieht sie ihn schon freundlich an. Der Dichter darf nun doch diktieren. Es sind lauter Liebeslieder. Das erste beginnt:

«Als ich in Deine Augen sah,
Floß neue Glut durch meine matten Glieder.
Ich schaffe und bin Dir im Schaffen nah – –
Ich lebe wieder!»

Sie schreibt mit langen spitzen Fingern, aber sie blickt nicht auf die Maschine und macht keine Zwischenräume zwischen den Wörtern. Sie tanzt auf der Maschine einen Liebestanz. Es ist ein stummes Duett. Er ist ein sehr glücklicher lyrischer Dichter. Er geht stürmisch heim.

Ein paar Tage darauf kommt ein Dienstmann mit einem Schubkarren und bringt dem Dichter einige Zentner tadellos abgeschriebener Manuskripte. Auch hat der Dienstmann einen Brief – einen parfümierten, einen nett getippten. Der Dichter küßt den Brief. Er öffnet ihn. Der Knabe mit dem Bogen ist wieder im Zimmer und blickt dem Dichter über die Schulter. Aber, oh weh! Der Dichter rauft sich die Haare, – der nette Knabe zieht ein Gesicht. Der Brief nämlich lautet:

«Werter Herr, Sie erhalten mit Heutigem Ihre Manuskripte. Erlauben Sie mir, Ihnen mitzuteilen, daß ich von der Glut Ihrer Verse berauscht bin. Anbei beehre ich mich, Ihnen eine quittierte Rechnung über 200 Mark beizufügen. Wenn Sie mir den Betrag persönlich überbringen wollen, werde ich entzückt sein, und wir können dann gleich über den Inhalt Ihrer Verse sprechen. Ganz Ihre Minnie Tipp.»

«Das kommt davon» (sagt das kleine braune Schreibmaschinenmädchen ihrem lächelnden Freund) «wenn wir Frauen arbeiten müssen. Wir werden davon so furchtbar praktisch.»
Also der arme Dichter hat natürlich keinen Knopf. Er durchsucht das ganze Zimmer und findet nur Manuskripte. Er durchsucht seine Taschen und findet nur Prachtexemplare von Löchern. Auch Amor möchte helfen und wendet seinen Köcher um – aber wie käme Amor zu zweihundert Mark? Schließlich bleibt dem unglücklichen Dichter nichts anderes übrig, er muß sich hinter den Schubkarren stellen und die Manuskripte zum Käsehändler karren. Der kauft sie und wickelt weichen Kuhkäse hinein. Nun ist der berühmte Kritiker Fixfax eine zart besaitete Natur und schätzt Kuhkäse, wenn er schon rinnt. So kommt er höchstselbst zum Käsehändler und kauft eine Portion und trägt sie nach Hause. Auf der Straße halten sich die Passanten die Nasen zu und reißen aus. Fixfax aber riecht mit Genuß an dem Käse. Wie er nun die Nase – natürlich mit einer schwarzen Hornbrille besteckt – in den Käse bohrt, liest er zufällig einen Vers und ist furchtbar entzückt. Er steigt in ein Auto und fährt sofort zu dem Verleger Salomon Auflage und zeigt ihm den Käse. Der Verleger mag Käse nicht riechen, dreht und windet sich. Aber der Kritiker rückt ihm auf den Leib und rezitiert die Verse des Dichters. Jetzt ist auch der Verleger begeistert. Die beiden rennen sofort zum Käsehändler und nehmen gleich einen riesigen Sack Vorschuß mit. («Nämlich», sagt das kleine braune Schreibmaschinenmädchen zu ihrem lächelnden Freund, «nämlich der Film ist ein Märchenfilm.») Nun, die beiden kaufen dem Käsehändler all seinen Kuhkäse ab, mieten dreizehn Dienstmänner, die sich alle die Nase verbinden und marschieren zum Dichter. Der Dichter steht gerade auf einem Stuhl und hängt sich auf, weil er die zweihundert Mark nicht zusammenbringt. Doch da beginnt es in seinem Stübchen leise zu stinken. Hängt man sich richtig zu Ende auf, wenn es so unerträg-

lich stinkt? Nein, man wird wütend und bekommt neue Lebenslust. Die dreizehn Dienstmänner marschieren ein, aber er schmeißt sie hinaus, daß der Käse die Treppe hinabrieselt. Erst wie der Verleger mit dem Geldsack kommt, wird der Dichter sanft. Kein Käse stinkt stärker denn Vorschuß duftet.

Der Dichter eilt jetzt flink ins Schreibmaschinenbureau. Da steht eben so ein patziger Geschäftsbengel und diktiert der Minnie patzige Geschäftsbriefe und macht Augen dazu. Aber der Dichter feuert ihn gleich hinaus; er kann es sich leisten, er kann sich die Stenotypistin jetzt für Stunden, Tage und Ewigkeiten mieten. Er diktiert ihr gleich wieder ein Gedicht. Aber was schreibt sie? «Dummer Kerl!» schreibt sie, «die Tüchtigen und Erfolgreichen liebe ich.» Zweimal sauber unterstrichen. An jenem Tage tippten sie nicht weiter.

«Es ist ein moralischer Film», sagt das kleine braune Mädchen. «Er zeigt, wie eine tüchtige Frau einen Mann zu erziehen weiß.»

Der Freund lächelt einen Moment lang nicht. «Er zeigt», sagt er, «wie eine tüchtige Frau einen Mann zugrunde richtet. Der Film wird den Dichtern zeigen, daß diese verfluchte Schreibmaschine sie tüchtig macht und die Frauen kalt. Der Film wird die geistigen Gefahren der Schreibmaschine enthüllen. Denn glaubst du, die tüchtigen Manuskripte dieses Dichters sind *gut* gewesen? Gut war das Kauen und der Diwan. Aber das werdet Ihr Berufsfrauen niemals verstehen.»

Die kleine Braune lacht.

*WALTER HASENCLEVER*

# DIE HOCHZEITSNACHT

*Ein Film in drei Akten*

PERSONEN

*Karl Heiden, ein Maler*
*Clarissa, eine Jungfrau*
*Graf Dimitri Sokolski, ein Bösewicht*

*Erster Akt*

Karl Heiden in seinem kleinen, ärmlichen Atelier liegt krank im Bett. Der Arzt tritt herein. Karl erhebt sich mühsam; der Arzt untersucht ihn und schüttelt den Kopf. «Sie haben», sagt er zu ihm, «zweifellos Anzeichen von Tuberkulose. Unterernährung. Fahren Sie in den Süden.» Karl zuckt die Achseln: er hat kein Geld; dabei weist er verzweifelt auf seine Bilder, die unverkauft an den Wänden hängen. Während sie reden, tritt eine junge Dame ins Zimmer, Clarissa, Karls Braut. Alle drei sind sehr ernst und traurig, dann empfiehlt sich der Arzt.
Clarissa sitzt neben Karl. Sie streichelt ihn. Sie tröstet ihn. Sie holt ein kleines Buch heraus. Man liest:

GARDONE AM GARDASEE

*Hotel Stella d'Oro*

***Aufenthalt für Lungenkranke . Vorzügliche Verpflegung***

***Angenehme Lage . Bäder im Hause***

Karl sieht sie an und macht die Geste des Geldzählens. Clarissa überlegt und faßt einen Entschluß. Dann gibt sie ihm schnell ihre Hand und geht.
Clarissa wandert durch mehrere Straßen und schellt an einem Tor, darauf steht:

PROF. MAZZINI

*Maître de Danse*

Sie kommt in einen großen Saal, wo viele Elevinnen tanzen. Prof. Mazzini, ein Herr mit Vollbart, erteilt den Unterricht. Clarissa lernt auf den Zehen stehen und die Beine in die Luft werfen. Dann muß sie ein Kostüm anziehen und Ballett tanzen. Sie macht ihre Sache gut und wird vor den andern Damen von Prof. Mazzini gelobt. Nachdem alle fort sind, bleibt sie mit dem Professor allein. Sie erzählt ihm ihre Not und bittet ihn, ihr eine Stellung zu verschaffen. Der Professor verspricht, ihr zu helfen.
Karl Heiden sitzt in seiner Dachstube vor einem Bild und malt; aber er ist sehr krank und wird ohnmächtig. Clarissa kommt herein und findet ihn so. Als er zu sich kommt, zeigt sie ihm eine Zeitung, darin steht:

KABARET PLEJADEN

***heute abend 10 Uhr erstes Auftreten***

***der Tänzerin Clarissa d'Aubrey***

***in ihrem sensationellen Tanz***

DIE HOCHZEITSNACHT

Clarissa nimmt aus ihrer Tasche eine Eintrittskarte und gibt sie Karl. Beide sind sehr stolz und kochen Tee.
Am Abend steht Clarissa vor dem Spiegel hinter der Bühne und schminkt sich. Professor Mazzini tritt herein und redet ihr zu. Aber Clarissa hat keine Angst und lacht; dann läuft sie hinaus in die Kulissen. Der Vorhang geht auf, sie tanzt. Unten im Publikum ist Karl Heiden, neben ihm sitzt ein graumelierter Herr. Alle klatschen. Clarissa verneigt sich. Man bringt Blumen. Der Vorhang fällt.
Als Clarissa hinter der Bühne ist, kommen viele Leute zu ihr ins Zimmer; Reporter, Photographen, auch Professor Mazzini und Karl Heiden. Alle sprechen mit ihr und wünschen ihr Glück. Da bringt ein Diener eine Karte. Clarissa liest:

GRAF DIMITRI SOKOLSKI

*erwartet Sie im Séparée*

Clarissa überlegt einen Augenblick und drängt alle zur Türe hinaus. Sie beginnt sich umzukleiden und eilt, in einem langen Mantel verhüllt, durch die Gänge des Theaters.
In einer Loge hinter Vorhängen sitzt der Graf. Ein Kellner trägt auf. Zwei Gläser und Sekt stehn auf dem Tisch. Wir erkennen jenen graumelierten Herrn wieder, der neben Karl Heiden unten im Publikum saß. Der Vorhang zur Seite geht auf, und Clarissa steht vor ihm. Der Graf erhebt sich, tritt auf sie zu. Sie weicht zurück. Er gießt ihr Sekt ein. Sie nimmt ihn nicht. Sie betrachten sich. Er küßt ihr die Hand. Dann setzt sich Clarissa neben ihn. Sie hört, was er ihr sagt: «Mein Fräulein, ich liebe Sie und kann ohne Sie nicht leben. Werden Sie die meine!» Clarissa steht auf und bedeutet, sie müsse gehn. Der Graf nimmt eine Visitenkarte, schreibt schnell seine Adresse darauf und gibt sie ihr. Er will sie umarmen, sie wehrt ihn ab. Ihr Gesicht ist starr, aber sie nimmt die Karte.
Karl Heiden liegt im Bett, der Arzt und Clarissa sind bei

ihm. Karl Heiden ist im Fieber und erkennt sie nicht. Der Arzt fühlt seinen Puls und gibt die Hoffnung auf. Clarissa ist verzweifelt; Karl Heiden wird sterben. Auf dem Tisch liegt das kleine Buch. Der Arzt nimmt es und zeigt es Clarissa. Sie liest:

GARDONE AM GARDASEE

*Hotel Stella d'Oro*

*Aufenthalt für Lungenkranke . Vorzügliche Verpflegung*

*Angenehme Lage . Bäder im Hause*

Da fällt ihr die Karte des Grafen ein. Sie sieht seine Adresse und geht zum Tisch. Der Arzt steht am Bett und sieht traurig aus. Clarissa überlegt; ein Gedanke kommt ihr. Sie schreibt:

*Herr Graf!*

*Ich habe mir Ihren Vorschlag überlegt. Ich verkaufe meine Hochzeitsnacht für 5000 Mark.*

*Clarissa d'Aubrey*

Dann kommt sie zurück und zeigt den Brief. Sie sagt: «Ich werde Ihnen das Geld schicken, aber sagen Sie ihm nicht, woher es kommt. Er soll mit dem Geld nach Italien fahren und ein berühmter Mann werden. Wenn er nach mir fragt, so sagen Sie, ich sei gestorben.» Sie zieht ihren Mantel an und geht. Der Arzt sitzt am Krankenbett. Karl Heiden wälzt sich unruhig hin und her.

Ein Automobil fährt in der Nacht vor ein kleines Haus der Vorstadt. Die Türe des Hauses geht auf; Clarissa steht auf der Straße; sie blickt sich scheu um; dann steigt sie schnell ein. Der Graf sitzt im Automobil, Koffer sind aufgeschnallt. Während des Fahrens nimmt er aus seinem Portefeuille fünf Tausendmarkscheine und gibt sie Clarissa, die verschleiert, unbeweglich vor ihm sitzt. Sie öffnet ein Kuvert, tut die Scheine hinein, verschließt es. Das Auto hält am Bahnhof. Sie steigt aus und wirft das Kuvert in den Briefkasten. Gepäckträger kommen. In der Halle steht der Luxuszug. Sie betreten ein Schlafkupee. Der Graf öffnet das Fenster: Draußen sieht man die Lichter der Stadt, viele, viele. Dann legt Clarissa Mantel und Schleier ab. Sie weiß nicht, was sie tun soll; aber der Graf küßt ihr die Hand.

*Zweiter Akt*

Karl Heiden sitzt elegant gekleidet, im Tennisanzug, auf der Kurpromenade von Gardone. Er begrüßt eine Dame. Ein bekannter Herr setzt sich neben ihn. Ein dritter Herr kommt hinzu; sie erheben sich und gehen durch die Gärten der Riviera. Vor dem Kasino will sich Karl Heiden verabschieden, aber die Herren nötigen ihn, einzutreten. Er folgt ihnen. Man sieht die Terrasse des Sees; Herren und Damen sitzen beim five-o'clock-tea. Im Saal spielt die Kapelle. Die drei Herren treten in den Spielsaal; man stellt sich an den Tisch; Karl Heiden spielt. Er setzt und verliert. Einmal. Zweimal. Er wechselt einen Schein – den letzten von den fünfen – da kommt ein Boy und bringt ihm eine Depesche. Er öffnet sie und liest:

*Sofort zurückkehren. Schwer erkrankt. Habe Ihnen vor meinem Tode etwas zu sagen.*

*Dr. Schmidt*

Karl Heiden entfernt sich und reist ab.

Er schellt vor der Haustüre des Arztes. Man macht ihm auf und bedeutet ihm, auf den Zehen zu gehn. Karl Heiden steht am Bett des alten Herrn und ist sehr bekümmert. Der sagt zu ihm: «Ich werde wahrscheinlich bald sterben. Vorher sollen Sie die Wahrheit wissen: Das Geld, dem Sie Ihr Leben verdanken, ist nicht von mir – ich habe versprochen zu schweigen. Ihre Braut hat sich für Sie geopfert ...» So erfährt er das Geheimnis.

Karl Heiden rennt aus dem Zimmer, durch die Straßen, durch die Stadt. Er ist verzweifelt. Er kommt in sein altes

Zimmer und wirft sich hin. Er sieht sein Gepäck stehn und stößt es verächtlich beiseite. Dann zählt er sein Geld. Er hat den Rest verspielt, aber er ist gesund geworden. Von all diesen Gefühlen und von der Reise erschöpft, fällt er in Schlaf.

*Intermezzo: sein Traum*

Er sieht den Bahnhof einer fremden Stadt. Ein Herr (es ist Graf Dimitri Sokolski) steigt aus; ihm folgt Clarissa. Ein Diener in Livree steht auf dem Bahnsteig; draußen wartet das Automobil. Sie fahren und halten vor einer Villa. Das Portal geht auf und schließt sich hinter ihnen. Diener geleiten Clarissa hinauf. Währenddessen spricht der Graf mit einer älteren Dame, die ihn empfangen hat; er sagt ihr einiges über den neuen Besuch. Alle sind sehr ehrerbietig zu ihm; er geht fort. Clarissa ist in ihrem Zimmer und tritt ans Fenster. Es ist vergittert. Sie schellt. Niemand kommt. Sie will hinaus. Die Türe ist verschlossen. Sie sinkt in irgendeiner Ecke zusammen. In diesem Augenblick geht die Türe auf, und die ältere Dame tritt herein. Sie hat eine türkische Robe auf dem Arm und findet Clarissa. Clarissa muß aufstehen und sich ankleiden. In einem großen Saale sind viele Damen, die alle so angezogen sind wie Clarissa. Einige liegen auf Tierfellen und rauchen. Clarissa ist auch darunter. Ein Vorhang zerteilt sich, und Graf Dimitri Sokolski, in tscherkessischer Kleidung, tritt herein. Er klatscht in die Hände. Die Damen tanzen. Er nimmt seine Pistolen und legt sie auf einen Tisch. Dann winkt er Clarissa zu sich. Clarissa muß auch tanzen.

Graf Dimitri Sokolski, immer in tscherkessischer Kleidung, liegt auf dem Diwan in einem kleinen Gemach seines Harems. Clarissa ist bei ihm. Er umarmt sie roh. Sie wehrt sich. Er klatscht in die Hände. Diener erscheinen; sie wird gefesselt. Graf Dimitri Sokolski nimmt aus seinem Gürtel eine sehr schöne Peitsche.

In einem kleinen, dunkeln Raum liegt Clarissa auf der Erde. Durch eine Lücke bekommt sie Licht und Essen. Einmal erscheint Graf Dimitris Kopf draußen an der Luke, grinst und verschwindet.

Karl Heiden erwacht und ist erschüttert. Er liegt in seinem alten Zimmer; an den Wänden hängen die Bilder; eine Staffelei steht vor ihm. Er springt auf, nimmt eine Leinwand und spannt sie auf. Er beginnt, unter dem Eindruck seines Traumes, zu malen. Er malt Clarissa tanzend, inmitten des Harems und nennt sein Bild:

| DIE HOCHZEITSNACHT |
|---|

Im großen Saale der Ausstellung hängt das Bild. Viele Leute gehen vorbei und bleiben davor stehen. Unter ihnen ist ein graumelierter Herr: Graf Dimitri Sokolski. Als er das Bild sieht, prallt er zurück. Er erkennt Clarissa, eilt hinaus und holt den Geschäftsführer. Sie verhandeln; er kauft das Bild.
Die Szenerie des Traumbildes kehrt jetzt, als in Wirklichkeit bestehend, wieder: der Harem des Grafen Dimitri Sokolski, die Tanzenden, Clarissas trauernde Gestalt. Der Graf, in tscherkessischer Kleidung, tritt ein; Diener folgen ihm und tragen das verhüllte Bild. Der Graf bleibt allein mit Clarissa; er weist auf das Bild, sie enthüllt es und sieht – sich selbst. Im Augenblicke ahnt sie den Zusammenhang und bricht ohnmächtig vor ihm zusammen.

*Dritter Akt*
Karl Heiden ist berühmt und reich geworden. Er hat eine große, vornehme Wohnung, aber die Erinnerung an Clarissa läßt ihm keine Ruhe. Die Ungewißheit ihres Lebens quält ihn; er beschließt, sie zu suchen. Eines Tages liest er in der Zeitung eine Annonce:

DETEKTIVBÜRO «ARGUS»
*Auskünfte jeglicher Art . Weltberühmtes Institut*
*Empfiehlt sich für alle Berufe . Diskret!!*

Er begibt sich dorthin. Ein sympathischer Herr empfängt ihn; Karl erzählt ihm seine Geschichte. Man bittet ihn um eine Photographie von ihr; er besitzt keine. Da fällt ihm das Gemälde ein, auf dem er sie gemalt hat; es ist verkauft. Er nimmt das Telephon. Der Geschäftsführer in der Ausstellung sieht in den Büchern nach; dann spricht er ins Telephon zurück: «Der Käufer der ‚Hochzeitsnacht' ist Graf Dimitri Sokolski.» Karl Heiden reist hin, um das Bild zu kopieren.

Er kommt in die Villa des Grafen und wird empfangen. Er stellt sich als Maler vor und bittet um Erlaubnis, das berühmte Gemälde zu sehen. Es geschieht. Ein Diener führt ihn hin.

Karl Heiden beginnt die Kopie. Eines Tages, während der Arbeit, hört er ein Geräusch von unten: Dumpfes Rufen und Klopfen. Er legt sich auf die Erde und horcht. Das Klopfen wird stärker. Er räumt den Teppich fort und entdeckt eine Falltüre. Von Neugierde getrieben, hebt er sie auf und klettert eine schmale Leiter hinab. Er findet – Clarissa.

In wenigen Sekunden ahnt er ihre Leidensgeschichte; sie liegt zu seinen Füßen; er wird sie retten. Da erscheint ein Schatten vor dem kleinen Kellerfenster und eine menschliche Hand schiebt einen Krug Wasser mit einigen Broten in die Öffnung. Im selben Augenblick ist Karl Heiden die Leiter hinauf verschwunden.

Er steht vor dem Bild und malt. Die Türe geht auf, der Graf tritt herein. Karl Heiden zeigt ihm die Kopie: sie ist fast vollendet. Er bedeutet ihm, er wolle am nächsten Tage wiederkommen, um das Bild, in eine große Kiste verpackt, fortzuschaffen. Er weist auf die Größe und Breite des Bildes und wird eine Kiste bestellen, die eigens dafür gebaut

ist. Zu diesem Zwecke nimmt er Maß. Der Graf schüttelt ihm die Hand.
Als Karl Heiden zur Türe hinaus ist, klatscht der Graf in die Hände. Diener mit Fackeln und mit Peitschen erscheinen. Man öffnet die Falltüre. Der Graf steigt hinab. Er steht vor Clarissa und bedeutet ihr zum letzten Male, ihm zu Willen zu sein. Sie spuckt vor ihm aus. In furchtbarer Wut entreißt der Graf einem Diener die Peitsche und will sich auf die Jungfrau stürzen. Da besinnt er sich eines besseren. Er winkt einen Aufseher heran und befiehlt ihm, ihr kein Essen und kein Trinken mehr zu bringen. Sie soll verhungern.
Am nächsten Tage kommen viele Leute mit einer großen Kiste und einem Karren. Karl Heiden schickt sie fort und befiehlt ihnen, im Vorzimmer zu warten; er will die letzte Hand an sein Werk legen: niemand soll ihn stören. Als er allein ist, hebt er in fieberhafter Eile die Falltüre auf, reißt Clarissa aus dem Keller heraus und packt sie mit dem Bild in die Kiste. Er nimmt einen Hammer und schlägt die Kiste zu. Dann kommen die Leute, laden sie auf den Karren und schieben sie fort.
Karl Heiden fährt am Bahnhof vor; hinter ihm kommt die Kiste. Er löst ein Billett und gibt die Kiste im Gepäckraum auf. Dann fährt man fort: Karl Heiden in einem Kupee 1. Klasse und die Kiste im Gepäckwagen. Als der Zug zur Grenzstation kommt, müssen alle Reisenden hinaus zur Zollrevision; auch Karl Heiden mit seiner Kiste. Alle Leute müssen ihre Koffer aufmachen, auch Karl Heiden die Kiste. Die Beamten holen Hammer und Zange und schlagen sie auf. Während aus andern Koffern Hemden und Hosen erscheinen, steigt aus der Kiste Clarissa heraus. Da tut Karl Heiden das Vernünftigste, was er tun kann: er hebt Clarissa aus der Kiste, und die glücklich Vereinten umarmen sich. Die Reisenden aber und das Publikum, wie immer in solchen Fällen, sind von diesem Auftritt begeistert. Auf diese Weise entgeht er der Gefahr, ein Mädchenhändler zu sein. Indessen, da man wie-

der in Deutschland ist, wird er wegen Erregung öffentlichen Ärgernisses (geschehen durch die Umarmung) und groben Unfugs (weil Clarissa im Gepäckwagen gefahren ist) nach Paragraph soundsoviel bestraft werden.
Damit ist die Geschichte zu Ende; wem aber dieser einfache Schluß nicht gefällt, dem soll es unbenommen sein, einen andern zu wählen: etwa so, daß der Graf Karl Heiden im entscheidenden Augenblick überrascht, und daß einer von ihnen, oder auch beide totgeschossen werden. Vielleicht könnte sich dann noch Clarissa dazwischen werfen; damit finge eine neue Geschichte an. Oder aber es könnten Polizisten kommen (weshalb sollten sie nicht?) und den Grafen nach Sibirien schicken. Ich bin dafür, man bleibt bei der Kiste, weil es das Einfachste und auch das Beste ist.

FRANTISEK LANGER

# DER MUSTERKELLNER

*Deutsch von Otto Pick*

In der vornehmsten Restauration eines Küstenbadeorts gibt es einen ausgezeichneten Kellner. Er vermag auf einer Hand die Speisen für eine ganze vielköpfige Gesellschaft zu balancieren, er schlängelt sich zwischen den Tischen und Stühlen hindurch, ohne sie zu berühren; er serviert wunderschön, gießt ein und macht Handreichungen, er ist einfach vollendet in seinem Fach (beinahe von der Gewandtheit eines Akrobaten). In der Restauration verkehrt eine Gesellschaft von Herren, welche die bekannte Schauspielerin Miranda umschwärmen. Der Kellner bedient hier. Er benimmt sich stets mit gewohnter Bravour, läßt aber dabei keinen Blick von der schönen jungen Dame, in welche er sich schließlich und endlich verliebt. Man errät dies schon aus der Art, wie er den Tisch, an welchem sie sitzen wird, mit Blumenvasen, Blumen auf dem Tischtuch schmückt, und wie er für sie das feinste Obst und Backwerk auswählt.

Schließlich kommt ihm doch einmal der sehnliche Wunsch, sich dieser Schönheit irgendwie zu nähern. Doch wie? Sein Anzug ist viel zu einfach, als daß er es wagen könnte, in einer Gesellschaft an sie heranzutreten, auch reichen

seine Mittel nicht hin, ihr die ganze Schar ihrer Anbeter zu ersetzen. Schließlich hat er einen guten Einfall. Die junge Dame geht jeden Tag ins Strandbad. Dort, dessen ist er überzeugt, wird er, kraft der von den Badekleidern verliehenen Uniformität, sich in keiner Weise von den andern Besuchern unterscheiden.
Er kauft sich also einen eleganten Badeanzug und geht ins Strandbad. Aus der Kabine tritt alsbald ein junger Mann von athletischer Gestalt und angenehmem Aussehen. Und dann hat er noch einen Vorzug vor den übrigen Badegästen voraus: als ein Kind der Küste ist er ein vortrefflicher Schwimmer. Er zeigt seine Kunst: Er nähert sich gleichsam zufällig der Gruppe, deren Mittelpunkt die Schauspielerin Miranda ist, springt ins Wasser, schwimmt untertauchend, holt Steine und Muscheln an die Oberfläche, und lenkt die Aufmerksamkeit auf sich. Die Schauspielerin verfolgt seine Leistungen mit Spannung, bis sie schließlich, um die Sicherheit des unbekannten Schwimmers zu prüfen, ihr Halsband in das Wasser wirft. Und der Schwimmer holt es vom Grunde des Meeres empor. So werden sie bekannt.
Sie sehen einander nun öfter. Die Schauspielerin pflegt ihn stets zu erwarten, und an den Tagen, wo er kommt, vernachlässigt sie die übrige Gesellschaft vollkommen. Sie spielen wie kleine Kinder im Sande, sind fröhlich und glücklich. Aber wer und was er ist, vermag die Dame nicht von ihm zu erfahren. Er hat sich mit dem einfachen Namen vorgestellt, aber das genügt ihr nicht. Wenn sie manchmal beide, in ihre Bademäntel gehüllt, in einer Strandrestauration sitzen, oder wenn er mit ihr promeniert, wenn er mit ihr plaudert, überhaupt immer macht er auf sie den Eindruck eines vollendet erzogenen Kavaliers. Und sie ist überzeugt, daß unter seinem schlichten Namen sich ein anderer, weitaus vornehmerer verbirgt. Aber vergeblich versucht sie etwas von ihm zu erfahren. Er pflegt früher als sie fortzugehen, verschwindet immer plötzlich und unerreichbar.

Und am Abend, immer völlig verwandelt durch seinen Frack und die Frisur, bedient er sie mit starrem unbeweglichem Gesicht beim Abendessen und bleibt durchaus unerkannt.

Am Strande wird er ihr ständig liebenswerter und unersetzlicher, sie langweilt sich ohne ihn, schaut nach ihm aus und eilt ihm entgegen, wenn sie ihn nahen sieht. Sie begünstigt ihn immer mehr und duldet es, wenn er sie berührt, ihre Hand küßt, ihr kleine Zärtlichkeiten erweist, bis sie ihm eines Tages Wange und Mund zum Kusse bietet. Am selben Tage aber beschließt sie, über diesen Mann, den sie zu lieben anfängt, alles in Erfahrung zu bringen.

Am nächsten Tage macht sie ihre Zofe auf ihn aufmerksam, die sich hierauf vor dem Ausgang des Bades postiert. In der Tat erkennt sie ihn unter den sich Entfernenden. Sie sieht ihn in der Hoteltüre verschwinden, und der Portier sagt ihr, daß jener in der Restauration als Kellner angestellt ist. Und die Zofe berichtet ihrer Herrin alles.

Die Schauspielerin wütet. Der Mann, dem sie vor allen den Vorzug gegeben, dem sie so viel erlaubt hat, in den sie sich fast schon verliebte – ist bloß ein Kellner. Die Gekränkte sinnt auf Rache.

Am Abend in der Restauration trägt der Kellner Berge von Speisen in der Hand und auf dem ausgestreckten Arm an den Tisch, den er wieder mit einer Unmasse von Blumen geschmückt hat. Doch diesmal sieht ihn die Dame an. Er wird verwirrt. Er stellt die Speisen nicht so hin, wie sie bestellt wurden. Die Gäste sind verwundert. Die Dame lächelt. Seine Hände beginnen zu zittern. Hat sie ihn erkannt? Beim nächsten Gang wiederholt sie ihre Blicke und ihr Lächeln, und wechselt mit Gleichgültigkeit ab. Der Kellner ist sich nicht sicher, vielleicht hat sie ihn doch nicht erkannt. Aber auch sein Benehmen wird unsicher; er hält die Teller, Schüsseln, Gläser ungeschickt. Man lacht ihn aus. Aus dem Musterkellner ist ein verlegener, hilfloser geworden. Ihm scheint, daß sie ihn anreden will – er

verschüttet den Wein auf den Tisch. Die Dame kehrt sich ihm zu – er begießt den Rock eines Herrn. Die Gäste halten ihn für betrunken. Er bringt neue Speisen. Das gleiche Spiel. Jetzt fällt ihm schon alles aus den Händen. Er ist komisch und ungeschickt. Kompott, Saucen, Wein geraten auf die Kleider der Gäste, und als die Schauspielerin sich mit lautem Lachen zu ihm wendet, läßt er alles fallen; die Herren springen vor den auseinanderströmenden Speisen zurück, aber immer neue Gerichte fallen nieder und hinterlassen ihre Spuren auch auf der schönen Toilette der Schauspielerin. Lärm und Verwirrung. Der Kellner steht beschämt und verlegen, der Hotelier wird gerufen und entläßt auf Verlangen der Dame den ungeschickten Kellner sofort aus seinem Dienst.
Am nächsten Tage steht der Kellner mit einem kleinen Koffer an der Landungsbrücke und erwartet den Küstendampfer, um sich anderwärts auf die Suche nach einem andren Posten zu machen; und dicht an der Brücke vorbei gleitet ein Segelboot, darin sitzt die Gesellschaft von gestern. Als die Dame ihn erblickt, beginnt sie spöttisch zu lachen. Er versteht nun, daß sie ihn erkannt und sich gerächt hat.
Da setzt er sich auf sein Köfferchen und beginnt zu weinen.

*ELSE LASKER-SCHÜLER*

# PLUMM-PASCHA
*Morgenländische Komödie*

PERSONENVERZEICHNIS:

*Plumm-Pascha, Großvezier von Oberägypten*
*Sichem, sein tauber Diener*
*Ptah, der alte Stiergott*
*Seine Stierpriester*
*Fürstin Diwagâtme*
*Hassan, ihr Sohn*
*Prinzessin Tino, seine Herzallerliebste*
*Tinos Negersklavinnen*
*Dr. Eisenbart aus dem Abendland*
*Die häßliche Prinzessin Bâhbâh*
*Ärzte, Weise, Gesandte, Flöten- und Dudelsackspieler, Gaukler, Bauchtänzerinnen, Krieger, Stierkrieger, schwarze Diener und Dienerinnen, Sklaven*

Auf Befehl Plumm-Paschas, des Großveziers von Oberägypten, werden die letzten Stierpriester einer Sekte des Gottes Ptah auf Scheiterhaufen verbrannt. Viel Volk verhöhnt die Opfer, bewirft sie mit Steinen, aber die Märtyrer halten, bis sie zu Asche verbrannt sind, gläubig ihre kleinen stierköpfigen Götzen aus den Flammen aufrecht. Plumm-Pascha kommt aus seinem Reichspalast, begleitet von seinem Gefolge, Gesandte in Fez und ernsten, langen Gewändern. Der Großvezier steigt aus seiner Sänfte. Es wird dunkel, es blitzt, und der Gott Ptah steht plötzlich vor Plumm-Pascha und verflucht ihn und verwandelt seinen Kopf in einen übergroßen Stierkopf. (Der im Verhältnis zu seinem jetzigen Stierkopf lächerlich klein wirkende Turban bleibt ihm unverändert sitzen.) Scheußliche Stierfratzen tanzen um den verzauberten Plumm-Pascha, bis es wieder hell wird und Ptah verschwunden ist. Die Gesandten sind geflohen, die schwarzen Diener ließen die Reichsbullen fallen und große Verwirrung entsteht. Nur der taube Diener behält seine Fassung, trägt den erschrockenen Großvezier auf ein Mooskissen, darauf er sich mit gekreuzten Beinen niederläßt. Es kommen Weise mit Instrumenten, Mikroskopen, großen Schädelmeßapparaten, aber sie beraten ohne Erfolg; beginnen sich zu streiten, reißen sich an den Bärten und gestikulieren heftig mit allen Gliedern. Der sich langsam erholende Plumm-Pascha brüllt seinen tauben Diener an, der aus einem Futteral, das er bei sich trägt, ein Riesenrohr nimmt und es anlegt. Nun glaubt er zu verstehen, seinen Herrn quäle der Hunger. Und er rennt fort und bringt seinem Herrn einen Karren voll Heu zum Fressen. Indessen die Weisen beraten, Diwagâtme zu holen, die kluge Kalifin der Stadt.

Im Rosengarten treffen die Weisen Hassan und Tino umarmt auf einem Zweig sitzend inmitten der Rosen. Diwagâtme, die Mutter Hassans, tritt zu ihnen. Die beiden Liebenden bitten sie um den Segen, aber sie verweigert ihren Segen und wendet ihren großen Beutel um, weil sie geizig ist, und macht den beiden begreiflich, sie habe kein Geld überflüssig, ihnen einen Palast zu bauen.

Es hören dieses die Weisen und erzählen den drei Verwunderten von dem Schicksal Plumm-Paschas. Diwagâtme erklärt, nur der Kuß eines reinen Weibes könne den bestraften Großvezier erlösen. Sie wendet sich schlau an die Prinzessin Tino und sucht sie zur Tat zu gewinnen: sie sei dann keine arme Prinzessin mehr – denn der Großvezier würde sie mit Gold und Edelsteinen überschütten, und der Heirat mit ihrem Sohne stände dann nichts mehr im Wege. Diwagâtme begleitet die Weisen aus dem Garten. Tinos Gespielinnen nahen und tanzen einen Schleiertanz um das Paar.

Der Großvezier liegt brüllend auf seinem Dach; auf einmal kommt ein Luftballon, darauf steht ‚Abendland'. Aus dem Luftballon steigt aufs Dach Doktor Eisenbart, hinter ihm schreiten lebendige Flaschen mit der Aufschrift ‚Kuhlymphe'. Die Diener wollen den wißbegierigen Doktor abhalten, den wütigen Pascha zu untersuchen. Aber Dr. Eisenbart läßt sich nicht hindern, dem Stier Lymphe zu entziehen, bis der Großvezier ihm den Kopf abbeißt; der wird zur Warnung an einer langen Stange aufgespießt. Unterdessen nahen die Weisen und berichten Diwagâtmes weises Wort. Der Vezier stößt ein Freudengebrüll aus, taumelt sich einige Male über den Teppich seines Dachs und die Weisen mit ihm. Negerknaben schreien auf den Straßen und Marktplätzen aus nach einem reinen Weibe, das den Großvezier erlösen will für Gold und Edelsteine. Auf großen Fahnen, die sie herumtragen, steht es geschrieben.

Der Großvezier eilt von seinen Leuten umgeben auf den Marktplatz. Es nahen zehn Stiere mit zehn Prinzessinnen, sie sehen den Großvezier brüllen und fliehen. Nur eine von ihnen ist bereit, den verzauberten Herrn der Stadt zu küssen. Man entschleiert sie; sie ist aber von so scheußlicher Häßlichkeit, daß der Großvezier sich entschieden weigert, sich von ihr küssen zu lassen. Sie ist lang und dürr. Friseure kommen mit großen Grasscheren und beschneiden ihr Haar. Eimer voll Schminke werden herbeigetragen und man schminkt die Prinzessin, färbt ihre Lippen und ihre Wangen mit großen Anstreicherpinseln. Aber Plumm-Pascha winkt ab, trotzdem alles Volk zurät. Die häßliche

Prinzessin Bâhbâh spitzt ihren Mund, drängt sich zu ihm, immer wieder, bis der taube Diener sich ihrer erbarmt, sie küßt und mit ihr davon reitet.
Endlich naht Tino auf einer weißen Kuh, herrlich gekleidet, begleitet von Hassan und ihren treuen Gespielinnen. Der Stierkopf auf dem Thron bewegt sich, entzückt von der großen Schönheit der Prinzessin, mit furchtbar komischen Bewegungen. Man zeigt Tino in den Säcken all das Gold und die Edelsteine, und sie bringt es über sich, aus Liebe für Hassan den Stierkopf aufs Maul zu küssen. Wieder große Dunkelheit, Blitze, Feuerfratzen. Als es wieder Licht wird, trägt Plumm-Pascha seinen ehemaligen umbarteten Kopf wieder und belohnt die Prinzessin nicht allein mit Schätzen, er hebt sie neben sich auf seinen Thron – und überreicht ihr sein großes Rubinherz. Aber Tino weint sehr, denn sie liebt Hassan, der ihr zuwinkt, zu schweigen. Aber einer im Volk drängt sich zum Pascha, verrät ihm, daß seine Erlöserin den Hassan, den Sohn der Kalifin Diwagâtme, liebe. Der Großvezier läßt nun Kriegskleider und einen Speer kommen und sendet den überraschten Jüngling in den Krieg.
Aber der Mond kommt ganz groß an dem Himmel herauf, und die Prinzessin tut, als ob sie müde sei, schläft ein ... und neben ihr der Großvezier und das Volk all schläft auch. Und wie die Prinzessin alles fest schlafen hört, öffnet sie die Augen; Ptah, der Gott, bringt einen Spaßmacher. Der muß seine Kleidung mit der der Prinzessin wechseln, auf daß sie glücklich entkomme. Der Großvezier erwacht, sieht den Spaßmacher neben sich, der ihm immer zunickt, und er glaubt, er habe überhaupt alles nur geträumt. Drum gibt er ein großes Fest, darauf sich Tino und Hassan vermählen. Rosenreigen, Wasserspiele. Zuletzt kommt der Gott Ptah und segnet die beiden: Hassan und Tino.

*PHILIPP KELLER*

# DIE SEUCHE

Des Nachmittags haben wir auf den Waldwegen von der Ferne her die ausgelassenen Bewegungen eines Mannes und einer Frau wahrgenommen, die sich allein glaubten. Die Frau lief mit nacktem Haar um den großen Mann, dessen dunkler Leib quer von Sonnenstrahlen durchspannt schien. Sie ist einmal hingefallen, und er hat sich neben sie gesetzt.

Nachdem wir es gegen Abend gesehen haben, auf einem andren Plan, ermattet vor dem Sonnenuntergang, erwarten wir das Paar bei einem See, der zwischen Nadelbäumen liegt. Es geht das Ufer entlang, kreuzt die Stämme und nähert sich uns auf dem Pfad, den wir voraufgegangen sind. Einen Augenblick sehen wir ihre Gesichter ganz groß: wir erkennen Alexander und Marfa. Wir lächeln vielleicht, weil uns dieser üppige Mann mit seinem kleinen Schnurrbart an Balzac erinnern will. Sie fällt uns allgemeiner auf, da wir Männer nicht viel von der Eigenheit eines Frauenkopfes verstehen.

Nun folgen wir ihnen. Sie kommen bald an eine Landstraße, die mit ihren kümmerlichen Bäumchen einen gerupften Eindruck macht. Ein Wagen strebt dem Horizont

zu. Ein andrer fährt eben vorbei. Während der Bauer anhält, um es Alexander zu sagen, was die Bäuerin jammervoller Marfa sagt, die Seuche sei im Dorf, versucht ein dritter Wagen vorbeizukommen. Man kann sich leicht den Wirrwarr denken, wenn eine Kuh sich dazu drängt und wenn auch noch kleine Kinder vor die Pferde laufen. Alles strebt nach jener Richtung weiter, nur Alexander und Marfa gehen diesseits auf ihr Haus zu, das etwas entfernt vom Dorfe liegt.
Das Abendessen wird gestört von der Dienerin, die sich fürchtet, allein zu bleiben. Nun hockt sie auf einem Stuhle neben der Tür, wo man ihr erlaubt hat zu bleiben, und während ihre Herrschaft ißt, läßt sie den Rosenkranz durch ihre Hand um und um gehen.
Am nächsten Tag ist die Flucht auf der Landstraße noch gedrängter. Leute, die keine Pferde haben, spannen sich selbst vor kleine Wagen, oder sie zwingen ihre Frauen dazu. Auch Vieh wird vorbei getrieben. Ein Mann, der ein paar Schweine hat, hält sie hinter seinem Wagen eng zusammen. Er schaut sehr elend aus und fällt an einem der dürftigen Bäume nieder. Er zieht die Beine an und umklammert sie mit den Händen. Seine Tiere laufen auseinander, und sein Pferd führt den Karren fort.
Es sind nicht alle Bauern geflohen, aber sie mischen sich unter die Flüchtlinge und begleiten sie eine Zeitlang. Von solchen sammelt sich eine Reihe, die den leise Sterbenden im Abstand umsteht. Ihr Kreis ist vorne offen.
Marfa zunächst und Alexander durchbrechen ihn. Obwohl er sie an den Armen zurückhält, muß sie auf den Toten zu und ihn berühren. Er ist schon starr und fällt um. Marfa verlangt, man solle ihn bestatten, aber die Reihe lichtet sich. Nun rollt sie ihn in den Graben und legt ihm zum Überfluß ihren großen Strohhut über das Gesicht.
So plötzlich sind alle Leute verschwunden, daß man nicht weiß: wohin. Alexander fröstelt's. Marfa geht den bekannten Weg zum See, ihm um ein paar Schritte voraus, der betrübt ist. Als sie sich jäh wendet und schlängelnd

zurückläuft, ihm um den Hals zu fallen, küßt er sie leise ins Ohr. Sie ist so glücklich, daß sie seine Verzeihung erlangt hat.
Am See hockt sie nieder (in dieser Stellung könnte sie alles verlangen) und spült sich die Hände ab. Sie hat kein Taschentuch und leiht es sich bei ihm. Wir nehmen an, daß sie ihre Liebesspiele fortsetzen.
Es ist das Mittagsmahl des nächsten Tages, als Marfa ein Glas Wein umstürzt und sich anschickt, vom Stuhl auf den Boden zu fallen, wenn Alexander sie nicht auffinge. Mühelos trägt er sie ins Schlafzimmer (die Zwischentüren tritt er mit den Füßen ein) und legt seine Frau in das Bett. Das Bett hat Vorhänge aus Tuch und wer darin liegt, wird von uns nicht mehr gesehen. Aber Alexander läuft hin und her, bringt Wasser dorthin, wirft ein paar Frauenschuhe dorther, vielleicht auch zwei, drei Kleidungsstücke, und nachdem er alle diese Mühe für einen Menschen aufgebraucht hat, dessen Leiden uns verborgen sind, bricht er auf dem Sessel vor dem Vorhang zusammen.
Seine Augen von der Hand verdeckt, sieht er nicht, wie sich langsam in dem Schlitz das Gesicht Marfas zeigt, mit einem Mundwinkel lächelnd, den andern schon gelähmt. Sie empfiehlt ihren Mann unserm Mitleid und verschwindet wieder.
Schon springt er auf, ruft die Magd, die wir noch lange vor dem Vorhang sehen, die Hände über den Bauch gehalten, zitternd vor Angst und scheu vor der Intimität ihrer Herrschaft, während Alexander in das verödete Dorf läuft, wo zwischen den Toten viele Hühner sich frei bewegen, in ein Haus einbricht, das hinter einem Gemüsebeet liegt, und eine Tür einstößt, die das ovale Schild des Arztes trägt. Die Tür bleibt offen und auch die Läden werden von innen aufgetan; aus dem Fenster lehnt Alexander und späht nach allen Seiten. Es ist uns offenbar, daß der Arzt nicht zu Hause ist. Wenn er überhaupt noch lebt.
Bei sich findet Alexander die Dienerin noch an der Stelle,

wo er sie hingestellt hat. Er versinkt hinter die Falten des Vorhangs, und während seine Beine zu zittern beginnen, wenden wir den Blick von ihm. –
O, er hat sie mit Tüchern umwickelt, daß sie aussieht wie eine Nonne, nur das süße spitze Gesicht ist frei. Sie läßt sich tragen wie ein Kind aus dem Zimmer, in dem nur eine Kerze brennt, den gewohnten Weg durch die Wiesen, über die Chaussee, durch den Wald. Hinter ihnen bleiben alle Türen, ja, die Luft bleibt hinter ihnen offen.
Zwischen den Stämmen kommt ein Bauer, der von dem See in einem Eimer Wasser trägt. Er verbirgt sich erschreckt, als Alexander naht, läßt ihn vorüber und sieht erstaunt, wie jener aus der Bucht das Boot löst, fährt und einen weißen Packen gespenstig über Bord hebt. Er sieht, argwöhnisch, wie jener dann am Ufer steht und seine Hände zum Himmel hebt. Schräg durch das Dickicht läuft er zu den Lagerfreunden und erzählt ihnen, die mit offenen Mäulern hören. Nur einer bückt sich über den Eimer, trinkt und fällt fast in die Flammen. Da springen die andern entsetzt, jeder für sich, aus der Lichtung.
Am folgenden Abend belauern sie den Weg, der Alexandern zum See führt. Hinter jedem Baum liegt ein Mann. Nur die Greise sind in der Dunkelheit an ihren weißen Bärten zu erkennen, die übrigen, glaubt man, seien Laub. Alexander wankt zum See, hinter ihm erheben sich die Männer. Sie tragen Knüppel; einer bereitet sich einen aus einem Ast, dessen Zweige er abreißt.
Indes schlägt Alexander an dem Ufer die Hände vor sein Gesicht, streckt sie dann über das Wasser, hebt sie dann zum Mond: Spiele für seinen Schmerz, beinahe so süß wie seine Liebesspiele; dämonische Zaubereien für die Bauern, unter denen es feststeht, daß er den See verhext hat, dessen Wasser sie trinken.
Nun schleichen sie von Stamm zu Stamm, immer mehr Männer überholen uns, die wir verharren, und wie durchsiebt von lauter schwarzen Gebärden, sehen wir ganz vorne Alexander, der sich umdreht, als ein Prolet ihn mit dem Stock berührt.

Noch ist sein Gesicht schön, sein Wuchs drohend, und was fehlt, ersetzt die energische Geste der auf der Brust gekreuzten Arme. In einer lächerlichen Weise zittern die Männer und lassen ihre Waffen möglichst sacht zu Boden gleiten. Der Mond macht auch für uns Alexanders Gesicht bedeutend.

Fast wäre alles aus, da wirft einer der Kräftigsten vorne seinen Arm über den See, alle, auch wir eilen vorwärts, und plötzlich, ganz allein, sehen wir das Gesicht Marfas zwischen den Wellen vorsteigen.

Klagend wendet Alexander sich zu ihr und tritt ein paar Schritte ins Wasser, da raffen alle ihre Stöcke auf und treiben den Schutzlosen in den See. Wir sehen nur von hinten die Rücken der geschlossenen, noch bewegten Masse, und wie die Mitte alle Kräfte eine Zeitlang anzog, treibt sie sie jetzt von sich und alles steht starr vor Trägheit.

Von ganz andrer Seite folgt die Auflösung. Ein kleiner Junge, in Hemd und Hose, läuft hinzu und zupft die Männer an den Röcken. Einer, der ihn nicht übersehen hat, neigt sich mit der Hand am Ohr dem Dorf zu. Auch die anderen lauschen.

Dann setzen alle froh an und eilen dorthin, woher der Bub kam. Sie fallen über Wurzeln. Aber man hebt sich auf. Sie schlagen sich an Bäume und ritzen sich an Dornen, aber auf der Landstraße, hell im Mond, verbindet man sich wechselseitig oder trocknet sich nur das Blut.

Auf dem Platz vor der Kirche sind mit Wagen und Pferden Zigeuner vorgefahren, die mit alten Formeln und Lärm die Seuche zu beschwören gekommen sind. Die Bauern tragen ihre Kranken vor die Lagerfeuer und kaufen berauscht kleine Amulette. Obgleich sie noch niemanden geheilt haben, beginnen die Dörfler zu hoffen und betrachten die Fahrenden voller Ehrfurcht.

*ELSA ASENIJEFF*

# DIE ORCHIDEENBRAUT

*Film in drei Akten*

PERSONEN

*Gräfin Dorida, eine schöne Witwe, genannt die Orchideenbraut*

| | |
|---|---|
| *Rittmeister von Dahlen* | |
| *Baron d'Emandré, ein junger Diplomat* | *Ihre Bewerber* |
| *Der Komponist Bergen* | |

*Herr von Vanderem, ein berühmter Forscher und Freund ihres verstorbenen Mannes*

*Erster Akt*

Die schöne Gräfin Dorida will sich nach einer unglücklichen Ehe nicht wieder verheiraten. Das Züchten ihrer Orchideen und Wohltätigkeit füllen ihre Tage. Sie veranstaltet auf ihrem Schlosse ein großes Fest. Sie gibt noch einige Anordnungen, ordnet die Vasen, da erscheint vor der Zeit der vom Diener angemeldete Herr von Dahlen. Er will die Gräfin bereden, seine Werbung anzunehmen, doch die Gräfin deutet: nein. Ihr Kamerad – mehr nicht. Der Saal füllt sich mit Gästen, die von der Gräfin begrüßt werden. Baron d'Emandré sucht mit ihr allein sein zu können. Aber andere Gäste kommen dazwischen. Der Komponist Bergen spielt seine neue, der Gräfin gewidmete Violinensonate und überreicht ihr die Widmung derselben. Die Gräfin ist mit allen gleichmäßig liebenswürdig, zeichnet aber keinen aus. Da sagt der Diener den Herrn von Vanderem an.

Die Gräfin eilt gegen die Tür und prallt zurück, sie wird sehr bleich und, die Hand auf das flackernde Herz gelegt, begreift sie, daß ihr Schicksal vor ihr steht. Mühsam bewahrt sie die Fassung. In den Augen Vanderems schlummert ein Abglanz der Einsamkeiten Asiens und der Gefahren wilder Tigerjagden. – Einige strenge, alte Damen, ihr sonst bei den Wohltätigkeitsunternehmen hilfreich zur Hand gehend, bemerken ihr verändertes Wesen und entrüsten sich. Vanderem verliert sich auch in die Eigenart dieser Frau. Endlich faßt sich die Gräfin und stellt ihn den anderen Gästen vor. Die Bewerber mustern ihn und sehen ihn drohend an. Denn er ist schön. Die Gäste entfernen sich, um in dem Speisesaal sich an das Büfett zu begeben. Später gehen alle in den Wintergarten, um die Orchideen der Gräfin zu bewundern. Der Rittmeister führt sie am Arm, grüßt dann korrekt und überläßt sie den anderen Gästen, nachdem er ihr die Hand geküßt. Alle kommen ihr ein Wort sagen, nur Vanderem nicht. Doch verliert er sie nicht aus den Augen. Sie dreht sich um, um ihn nicht sehen zu müssen, aber jedesmal, wie von magischer Kraft gezogen, weiß sie es einzurichten, daß sie den Kopf nach der Richtung drehen muß, wo er steht, und ihre Blicke begegnen sich eindringlich.

Die Gäste eilen nach dem Hintergrunde, wo einer der Herren auf eine besonders schöne Orchideensorte aufmerksam macht. Doch schnell bettelt der Baron d'Emandré, der den nächsten Tag zu seinem neuen Botschafterposten abreisen muß, um eine Minute Alleinsein. Die Gräfin tritt mit ihm in den Vordergrund. D'Emandré, der sich unbeobachtet glaubt, kniet vor der Gräfin nieder und will ihr den Verlobungsring anstecken. Sie verneint. Die Gräfin wehrt ab. Sie will nicht mehr heiraten. Verzweifelt stürzt d'Emandré davon, ohne von den anderen Gästen Abschied zu nehmen. Die Gräfin möchte zurück zu den Gästen. Als sie sich umdreht, sieht sie Vanderem, der ungeahnt Zeuge der ganzen Szene war, dastehen. Das kalte, bleiche, unbewegliche Gesicht, mit den hellen, dämonischen Augen ist ganz verzerrt von glühender Begierde. Ein Lächeln ist um seine Lippen, und seine Hände graben sich tief in die eigenen Handflächen. Die Gräfin hat die Augen groß aufgerissen, sie greift nach ihrem Hals, denn es würgt sie. Sie fühlt seinen Blick wie eine körperliche Berührung. Sie schaut erschüttert in den Abgrund seiner Augen. Da kommen Leute – beide fassen sich. Er bietet ihr kalt und korrekt den Arm, und sie gehen, wieder Herr ihrer selbst, zu den Leuten zurück.

*Zweiter Akt*

Die Gräfin ist ihrem strengen Leben wiedergegeben. Des Morgens, ganz früh, reitet sie aus, um auf dem Wege im Hospital und in der Kleinkinderschule Einkehr zu halten. Man sieht sie einen schönen Waldrandweg, der Aussicht ins Freie und auf den Fluß hat, entlang reiten. Sie springt dann vor dem Hospital vom Pferd, – geht hinein –, durchschreitet die Säle und spricht mit den Kranken. Dann begibt sie sich nach der Kleinkinderschule. Sie verteilt Bonbons unter die Kinder, und man bemerkt, daß sie vergöttert wird.

Auf dem Rückweg beschließt sie, einen Umweg zu machen. Sie sieht zu, ob sie niemand bemerkt und treibt ihr Pferd, das den gewohnten, ewig gleichen Morgenweg gehen will, an, auf einen Waldsteig einzubiegen, der nach Herrn von Vanderems Haus führt. Hinter gelben Irissträuchern und Rosenbüschen steht bei einem Hollunderbaum sein Haus. Man sieht ihn in seinem im Parterre gelegenen großen, schönen Arbeitsraum, der mit Jagdtrophäen und wissenschaftlichen Präparaten vollgepfropft ist. Draußen, hinter dem Zaun, sieht man die Gräfin vorbeireiten. Er vergräbt seine Nägel in seinen Handflächen und beißt in

seine Unterlippe und sieht nicht hinaus. Als aber das Pferd vorüber ist, stürzt er in wilder Bewegung, die seine Biegsamkeit enthüllt, zum Fenster und schaut ihr nach. Durch einen, in seinem Arbeitsraum an der Längsseite angebrachten großen Spiegel bemerkt man, daß aber auch die Gräfin, die scheinbar gedankenlos und gleichgültig vorüberritt, sich umdreht. Vanderem bemerkt es, und ein triumphierendes Lächeln spielt um seine Lippen. Dann eilt er heftig erregt hinaus und bedeutet seinem Mechaniker, das Auto bereit zu stellen. Er wolle allein fahren.
Er setzt sich ins Auto auf den Chauffeurplatz und fährt los. Man sieht ihn auf einer, das Wasser entlang führenden Chaussee fahren und dann auf die gepflasterte Dorfstraße einbiegen. Von weitem kommt auf der Straße das Pferd der Gräfin dem Auto entgegen. Ein Kind, das die Gräfin gepflegt hat, will ihr zuspringen, um ihr Blumen zu reichen; es bemerkt daher das herankommende Auto nicht. Vanderem hat wieder seine starren, großgeöffneten, dämonischen Augen – er sieht das Kind nicht. Erst im letzten Moment, als Leute aufkreischen, Hände ringen und das Auto ganz nahe ist, erblickt er es und biegt scharf ab, um das Kind zu retten. Das Auto stürzt aber dabei um, und Vanderem wird hinausgeschleudert. Entsetzen packt die Anwesenden. Niemand traut sich heran, obwohl die ganze Straße sich mit erschrockenen Menschen füllt, weil das Auto zu brennen beginnt.
Die Gräfin stürzt mit einer Gebärde des Aufschreiens und der Verzweiflung vom Pferde herab, dem Heimlich-Geliebten entgegen. Ihn retten, retten! Und sei es mit Gefahr ihres eigenen Lebens! Endlich findet sie ihn blutend und bewußtlos neben dem umgestürzten Auto. Mit Aufbringung äußerster Kräfte sucht sie den Bewußtlosen von dem brennenden Auto wegzutragen. Schließlich nahen sich ein paar beherzte Männer und helfen ihr. Aber nun entsteht die Schwierigkeit. Wer holt den Arzt? Alle Pferde sind im Feld. Der Weg ist zu weit! Die Bauern kratzen sich die Köpfe und meinen, es sei zu weit. Indigniert ver-

bindet die Gräfin mit Verbandzeug, das sie in einer Tasche am Sattel stets mit sich trägt, die Kopf- und Armwunde des Patienten und will dann selbst zum Arzt ins nächste Dorf reiten. Nur Wasser sollen die Männer bringen vom Dorfbrunnen.
Während sie sich entfernen, erwacht der Verwundete, man sieht an der Bewegung der Lippen, daß er dürstet; man sieht an seinem verschleierten Blick, daß er nur im Halbbewußtsein ist. Er stützt sich auf den unverwundeten Arm und sucht sich zu heben. Schmerz und Schwäche hindern ihn aber daran, und er sinkt entkräftet in die Arme der bei ihm knieenden Gräfin. Sie ist allein mit dem Heimlich-Geliebten, und sie weiß, nun ist er nicht ganz bei sich, und die tiefe, verhaltene Sehnsucht aller weißen Jahre strömt aus ihr. Sie kann nicht widerstehen – Schmerz und Liebe drängen. Sie küßt ihn andächtig auf die Lippen. Und, als ob die Mutter ihn geküßt hätte, werden die schmerzverzerrten Züge wieder weich, er hebt den gesunden Arm und legt ihn um ihren Hals, und sein Gesicht ist so lieb und mild, wie es keiner noch sah. Just wie ein Kindergesicht. Nur seine Augen sind geschlossen. Und es geschieht ihm alles wie im Traum.
Die Bauern kommen wieder. Das noch rauchende Auto wird abgelöscht, man gibt dem Verwundeten zu trinken. Er trinkt mit geschlossenen Augen im Halbtraume.
Er wird auf eine Decke gebettet, und die Gräfin reitet zum Arzt. Man sieht sie mit verhängtem Zügel losstürmen; endlich ist das Haus des Arztes erreicht. Kinderwäsche flattert im Garten, junge Enten plätschern in einer kleinen Lache. Sie steigt ab und bindet das Pferd an einen Zaun. Im Hause empfängt sie die Doktorsfrau, eine hagere Alte mit zurückgekämmtem Haar und einer Brille auf der Nase. Sie will von der Gräfin nichts wissen. Sie führt sie nicht zum Arzt. Sie vermutet, alles wäre für die Gräfin nur ein Vorwand, um ihren Mann zu einem Rendez-vous abzuholen. Erst als die Salben, welche die Frau für den Arzt kocht, übergehen und zu rauchen und zu riechen anfan-

gen, kommt der Arzt seiner Nase nachgezogen aus seinem Arbeitsraum und steht vor den beiden gestikulierenden Frauen: der Hoheitsvollen, Entrüsteten und der Bissigen, seiner alten Gattin. Die Sache klärt sich auf, er besteigt sein kleines Landauto, das so eingerichtet ist, daß hinten eine Krankenbahre zusammengeklappt angebracht ist, die heruntergenommen und aufgestellt werden kann.
Und sie fahren los, zwischen schnatternden Gänsen, aufflatternden Hühnern und Tauben und anbellenden, anspringenden Hunden, an Zigeunerkarren vorüber. Die Gräfin reitet neben dem Auto. Endlich ist man beim Kranken. Da aber die Gräfin fürchtet, er würde erwachen, will sie sich entfernen. Der Kranke wird mit Hilfe der Leute und unter Beisein des Arztes in sein Haus gebracht. Da ist aber kein weibliches Wesen. Nur der Chauffeur und der alte Gärtner und ein ganz junger Diener. Wer soll den Kranken pflegen? Man beschließt, sich nach einer Krankenwärterin umzusehen. Die Gräfin bedeutet dem Arzt, sie werde das selbst besorgen. Sie eilt ins Spital und beredet die ihr ergebene Krankenwärterin, ihr ein Kleid zu leihen. Und sie geht selbst, den Kranken zu pflegen. Niemand weiß in Vanderems Haus, wer sie ist. Jeder glaubt, sie sei eine Krankenwärterin. Nur um die Mittagsstunde wird sie von der Wärterin auf zwei Stunden abgelöst, zieht sich um, geht aufs Schloß, präsidiert bei der Tafel, und gibt Befehle für den übrigen Tag. Dann bleibt sie verschwunden, ohne zu verraten, wo sie ist, was sie tut. Sie kehrt ans Krankenlager zurück. So führt sie ein Doppelleben.
In Vanderems Haus wird sie wie der gute Engel angesehen. Sie bringt Ordnung und Freundlichkeit in die Junggesellenwirtschaft. Man vergöttert sie, und alles folgt ihr. Vanderem ist noch immer durch den Sturz in einer Art dumpfen Halbbewußtseins und ahnt nicht, wer bei ihm ist. Nur, wenn sie fortgeht, wird er unruhig und ungeduldig. Der Arzt versichert ihr, daß es dem Kranken bedeutend besser gehe, und daß er nun bald bei Bewußtsein sein werde. Sie

erschrickt darüber, denn nun wird sie den Geliebten nicht mehr sehen, vielleicht nie in ihrem Leben! Und er ist doch der einzige Mann, den sie liebt! Eine wilde Sehnsucht nach flammendem Glück ist in ihr! Nun weiß sie, die heutige Nacht wird die letzte mit ihm sein. Eine schwingenschwere Traurigkeit neigt ihre Seele. Sie glaubt, er wird sich ihrer nie erinnern, und sie entsinnt sich des Kusses, den sie ihm gab. Der Freude, wenn Hauch an Hauch ist. Nachts, als alles schläft, nimmt sie die lästige Haube vom Kopfe herab. Sie öffnet das Kleid, – es ist so schwül –, ihr weißer Hals wird sichtbar, ihr Haar löst sich und fällt lokkig herab. Der Kranke wird unruhig. Erschreckt und fürchtend, er könne erwachen, löscht sie das Licht. Mondzauber flutet durch das geöffnete Fenster herein und legt einen überirdischen Schimmer auf ihr schmucklos weißes Kleid. Plötzlich bäumt sich der Kranke wie im Fieber, eine allzufrühe Kraft kommt über ihn. Er erwacht! Richtet sich auf dem gesunden Arm auf, – sie stürzt zu ihm, um ihn zu unterstützen; sie ist verlegen, will ihren Kopf dabei verbergen, damit er sie nicht erblickt. Aber er sieht sie, ohne sie zu erkennen. Und er schlingt den Arm um die, die ihn hält und küßt sie, so, wie ein Durstender trinkt. Und sie vergißt alles, und küßt ihn wieder.
Aber dann besinnt sie sich! Der Kranke bekommt wieder einen Schwächeanfall und sinkt zurück. Und sie, unzufrieden mit sich selbst, verlegen, ordnet ihr Haar und geht. Leise schleicht sie hinaus, pflückt einen Strauß im nächtlichen Garten für ihn, legt ihn neben sein Bett, verläßt das Haus. Der Arzt findet am Morgen den Patienten in vortrefflichem Zustand. Er mußte gut geschlafen haben... Er dürfte auch stundenweise außer Bett sein, im Lehnstuhl ... Aber der Kranke ist jetzt mürrisch über alles, auch über die neue Krankenwärterin. Der Arzt sagt, sie sei auch gar nicht mehr nötig, ihn könnten nun die Diener versorgen. Vanderem ist in Rekonvaleszenz. Doch er ist stets verstimmt und gereizt.

*Dritter Akt*
Die Gräfin ist wieder damit beschäftigt, Negerkinderkleider zu nähen und Strümpfe für Waisenkinder zu stricken mit zuwideren, alten, vornehmen Damen, deren jede so häßlich ist, daß sie alle Hexen darum beneiden würden. Die Damen sind ärgerlich über die Gräfin. Was ist aus der geduldigen, liebenswürdigen Gräfin Dorida geworden? Ein nervöses Weib sitzt nun an ihrer Stelle, ist ewig zerstreut und nie bei der Sache und ziemlich ungefällig. Die Gräfin kann es kaum erwarten, daß die Damen ihren Salon verlassen. Hastig, ohne fast die Speisen zu berühren, steht sie vom Tisch auf, eilt in ihr Boudoir, und bedeutet dem Stubenmädchen, es solle schlafen gehen, da sie sich allein auskleiden werde.
Ungeduldig erwartet sie dann die Nacht. Sie holt aus einem versperrten Schrank ein Tanzkleid (so wie es die spanischen Tänzerinnen tragen), nimmt eine schwarze Maske vors Gesicht und hüllt sich in einen dunklen schalartigen Mantel. Durch eine Hinterpforte schleicht sie hinaus. O Himmel voll Sterne der Liebe! Sie geht durch das Orchideenhaus, und wie zum Schutz nimmt sie sich eine Orchidee mit, steckt sie an ihre Brust. Sie geht durch die Parkallee, an dem Springbrunnen vorüber, und an der Stallseite, die in einer kleinen Seitengasse mündet, verläßt sie ihr Besitztum.
Schnell hastet sie durch die Gassen, eilt scheu auf die andere Seite, wenn Männer kommen.
Endlich ist sie in einem Tanzlokal des Volkes. Sie hat gehört, daß der ernste Vanderem ein wilder Lebemann geworden sei. Und nun, da er auf keiner Gesellschaft mehr zu finden ist, sucht sie ihn in den niederen Lokalen, in denen er ständiger Gast ist. Des Tages ist sie die strenge Gräfin – die Wohltäterin, des Nachts verkehrt sie jetzt in den Lokalen, wo die Lebemädchen sich vergnügen. Sie hat eine zweite Seele bekommen.
Die Gräfin ist in den Tanzlokalen sehr beliebt. Sie tanzt so wild ihren spanischen Fandango! Sie hat so lockere Hüften

und Füße, die kaum den Boden berühren. Und auch die Dirnchen haben die schöne Frau gern. – Sie schnappt ihnen keinen weg! Läßt sich von keinem Mann berühren –! Als einer es einmal versucht, zieht sie einen Dolch aus dem Mieder. Und dennoch geht sie an allen Männern vorbei, sieht sie an und zuckt wehmütig mit den Augen, als suche sie einen, den sie nie findet!

Mittlerweile verbringt Vanderem die Tage mürrisch in seinem Hause, ohne arbeiten zu können. Die Nächte taumelt er von Genuß zu Genuß, um sich zu betäuben. Eines Tages, als er verstört vor sich hinstarrt, hat er eine Erscheinung: Er sieht die Krankenwärterin, die er im Fieber geküßt ... und die er leidenschaftlich herbeisehnt ... und sie trägt die Züge der Gräfin. – Er weiß nun, daß er die Gräfin liebt, aber er ist zu stolz, sich zu offenbaren und will sie im Taumel vergessen.

Im Schlosse der Gräfin ist wie jedes Jahr ein großes Fest an dem Tag, als eine besonders seltene Orchideenart in Blüte steht. Sie hat auch Vanderem eingeladen, er aber hat abgesagt, – knirschend, bebend, aber doch! Der Gräfin ist dadurch die Freude am Fest vergällt. Sie glaubt, er flieht sie, weil er sie nicht liebt. Sie ist der Verzweiflung nahe. Mit Mühe beherrscht sie sich so weit, zu warten, bis alle Gäste fort sind. Dann eilt sie hinauf in ihr Zimmer und hüllt sich in die Verkleidung, die ihre Doppelnatur nun braucht. Vorher wirft sie noch einen Blick auf die kostbaren, wunderschönen Blüten, welche schon die Gäste andachtsvoll betrachteten. Und dann – ganz irr vor Weh – schneidet sie die Orchideen ab – die Allzukostbaren, und steckt sie an ihre Brust.

Wieder geht sie durch die einsamen Gassen, und wieder kommt sie in ein Tanzlokal, und wieder tanzt sie allein, während die anderen Tänzer und Tänzerinnen in Gruppen ihr zusehen. Ganz allein tanzt sie einen wilden Fandango, schwingt ihre Hüften und dreht sich, daß alle vor Lust erstarren! Und da ist einer in den Saal getreten und an der Wand stehen geblieben ... und mit seinen dämonischen

Augen ist er allen Bewegungen des Weibes gierig gefolgt. Das ist Vanderem. Sie erkennt ihn. Und tigerhafte Lust überfällt das Weib, und sie taumelt, sie wirft die Arme, ihr Leib krampft sich vor zuckender Sünde. Sie weiß: – Vanderem, Vanderem, Vanderem ist da!
Und sie – die scheu jedem auswich – sie geht nach dem Tanz, während alle applaudieren, auf Vanderem zu und fordert ihn, der sie nicht erkannt hat, zum Erstaunen aller auf, mit ihr zu tanzen.
Doch Vanderem hält die Hände auf seinem Rücken und deutet: nein! Aber gleich darauf zeigt er auf ihre kostbaren Orchideen. – In diesem Tanzsaal? Orchideen, von denen sie wohl nicht weiß, was sie wert sind ...
Diebin! Dirne! Er ruft nach der Polizei! Sie läuft davon und sucht sich ihm zu entziehen. Volk eilt nach! An den leeren Mauern der nächtlichen Gassen zeichnen sich die Silhouetten der Verfolger. Es gelingt ihr, Vorsprung zu bekommen. Aber Vanderem ist ihr nahe. Sie schließt die Hinterpforte ihres Schlosses auf. Vanderem packt sie beim Arm, schreit nach der Dienerschaft. Sie bettelt, fleht, hält ihm die Hände vor den Mund. Umsonst! Er ruft. Die Leute kommen. Sie will der Szene ein Ende machen und sagt, sie käme von einem Maskenball und wäre die Gräfin Vanderem selbst. Alle lachen sie aus. Niemand erkennt sie! Niemand hält die Stolze solchen Doppellebens fähig. Aber weil sie durchaus ins Schloß will, entschließt man sich, nach der Gräfin zu fragen.
Derweil ist die Gräfin und Vanderem allein. Sie bedeutet, er soll gehen und sich nicht weiter um sie kümmern. Er aber bleibt, hält sie wie eine Gefangene. Sie fragt, warum? Er sagt: «Weil Du die Ehre dieser bekannt strengen Frau in Dirnenlokale ziehst. Ich werde die Gräfin schützen, denn ich liebe sie!»
Die Gräfin ist tief erschüttert. Sie fühlt, nie könne der Strengdenkende ihr verzeihen, was sie aus reiner Liebe für ihn tat. Sie zieht ein Fläschchen Gift hervor und trinkt. Als sie schwach wird, fängt er sie auf. Dabei fällt die Maske

vom Gesicht. Entsetzt sieht er, daß es die Gräfin ist. Verzeih mir, ich tat es aus Liebe zu Dir! – Das sagt ihr letzter Blick. Und in einer Umarmung, während er schluchzend versucht, ihr durch seinen Kuß Leben einzuhauchen, stirbt sie ...

*MAX BROD*

# EIN TAG AUS DEM LEBEN KÜHNEBECKS, DES JUNGEN IDEALISTEN

## KURZE VORREDE

*Durch Ausbildung technischer Ideen kann der Kinematograph neue künstlerische Wirkungen erzielen. Die Beziehung einer weiten Landschaft zu einer Liebesszene, beispielsweise, bleibt der Bühne undarstellbar, es sei denn, daß das allmächtige Wort sie hervorzaubert. Verwandlungen, Gespenster, Sprünge aus dem Fluß auf eine hohe Brücke hinauf, solche Dinge sehe ich – gern im Kino. Eine noch wenig ausgenützte technische Möglichkeit liegt darin, daß im Kino auch bloße Phantasien in ihrem eigenartigen Leben erscheinen können. So wäre etwa, wenn es irgendwen interessierte, ein ‚Dichter bei seiner Arbeit' kinematographisch aufführbar. Seine Eingebungen treten aus den Möbeln, aus dem Löschblatt hervor, auf das er nachdenklich starrt, sie verdichten sich, werden zweckdienlich verändert, korrigiert, bis sie etwa die rührende ‚Versöhnung zwischen Vater und Sohn' seines Romans unübertrefflich agieren. – Auf derselben technischen Idee beruht auch der nachstehende Film, den wir nach einiger Überlegung ‚Ein Tag aus dem Leben Kühnebecks, des jungen Idealisten' betiteln wollen.*

## KÜHNEBECKS WEG ZUR SCHULE

Der junge Idealist erwacht. Er ist zwölf Jahre alt, Gymnasiast. Da er herrlich geschlafen hat, befindet er sich allsogleich in der besten Laune, wie er durch heroisches Grinsen und Armestrecken ausdrückt. Die ganze Welt ist ihm ein glanzvoller Traum. Wem wäre sie es bei zwölf Jahren nicht gewesen! Nun, Kühnebeck muß zur Schule und das mit all seinem Temperament, denn es ist spät. – Unterwegs hört er einen Leierkasten. Sogleich spitzt sich beseligt sein Matrosengesicht. Er tritt in den Hof des Hauses, wo der Leierkasten spielt. Ekstase über die schönen Melodien. Sofort verwandelt sich der Leierkasten in ein kleines Orchester, der Orgler selbst in den Dirigenten. Die Mauern des Hofes bleiben, das Orchester sitzt auf einem improvisierten Podium. Vorher wird das Publikum informiert: «Wie der Leierkasten in Kühnebecks Phantasie ausschaut.» Zum Schluß fällt der Musikenthusiast, die Geigenpulte umrennend, dem Dirigenten um den Hals. Sofort: «Wirklichkeit»: Der erstaunte Drehorgelmann sieht dem Gymnasiasten, der davonläuft, nach. – Auf ähnliche Weise andere Unterbrechungen des Schulwegs. In der Auslage eines Bilderhändlers verwandelt sich der Kupferstich ‚Venezianische Gondelpartie', nachdem er sich über das ganze Sehfeld hin magisch ausgespannt hat, in eine lebendige Szenerie Venedigs. Usw. Der begeisterte Kühnebeck, dem sich tausend Wunder dargeboten haben, betritt als venezianischer Nobile, schwelgerisch, den nüchternen Schulsaal, wo er, vom Herrn Professor unverzüglich entkleidet, in die Mathematikstunden (= Wirklichkeit) zurückversetzt und mit Rücksicht auf die verspätete Ankunft fürchterlich ins Klassenbuch eingetragen wird.

Mittagstisch. Die Familie verhält sich feindselig gegen den Idealisten, da ein ,Tadelzettel' den Mißerfolg seines Studiums bekannt macht. Immerhin hält er sich ganz wacker, da sich vor seinen phantastischen Augen die häuslichen Speisen in grandiose Nobile-Gerichte umformen. Bald stimmt sich seine Seele noch höher, da eben ein Brief eintrifft, der die baldige Ankunft eines reichen Onkels aus Amerika meldet. Photographie liegt bei. – In seiner einsamen Nachmittagsstube, über Schulhefte hin träumt nun Kühnebeck das Eintreffen des Dollar-Wundermannes. [Daß es Traum ist, daran erkenntlich, daß die Figur des Gymnasiasten am Schreibtisch stets im Vordergrund bleibt.] Nun geht es toll her. Bahnhofshalle. Aussteigen. Kühnebeck eilt dem Onkel entgegen, der ihn allerherzlichst an sein Herz drückt. Nun hat alle Sklaverei ein Ende. Denn der Amerikaner trägt nichts weniger als einen hohen Papierkegel-Hut mit sämtlichen Sternen der Union auf dem Kopf, das Geld fließt wie unter automatischem Druck aus seinen beiden aufgeblähten Hosentaschen, und zwei lange Linien von Goldmünzen bezeichnen auf der Straße sein Kielwasser, in dem sich die lustigen Delphine des Großstadtpublikums balgen. Für Kühnebecks kühnste Bedürfnisse sorgt natürlich ein separater Goldstrom aus der Westentasche des riesigen Farmers, der sich unter breiten Schultern üppig lachend auf allen Promenaden ergeht, den Gymnasiasten aus der Schule befreit und ihm, da sie beide übereifrige Bücherfresser sind, ganze Buchhandlungen als Geschenk zuweist. In das Getümmel rings um des Fremdlings bannergeschmückt-exotisches Automobil greift (o Wirklichkeit!) die Hand des Vaters herein, nimmt den Träumer am Ohr und zieht ihn in seine Ankleidestube. Denn nun sollen alle wirklich auf die Bahn gehn, dem Onkel entgegen. Dieselbe Bahnhofshalle wie im Traum erscheint nun real, derselbe zuwartende Kühnebeck, einfahrende Zug, aussteigende Menschenhaufen, – nur der Onkel ist ganz anders. Der Kopf zwar, laut Photographie, stimmt überein, aber sonst ist der angebliche Millionär recht steif, fast ärmlich angezogen, benimmt sich alt, unauffällig und gesetzt, und legt natürlich auch beim Vorbeigehen an Buchhandlungen keinerlei großartige Kauf- und Verschwendungsallüren an den Tag. Kühnebeck verfehlt nicht, den Ankömmling auf interessante Lektüre aufmerksam zu machen, beim Abendessen. Es stellt sich heraus, daß der Onkel kein Literaturfreund ist. Ja er stimmt in das Zetern der Familie, die über des Gymnasiasten Lesewut sich entrüstet, zur maßlosen Enttäuschung des Idealisten lebhaft ein. So bleibt ihm nichts übrig, als mit seinen Büchern (Nick Carter, Karl May) auf den Dachboden zu schleichen, seinen gewöhnlichen Literatur-Schlupfwinkel. Zu Hause zu lesen, ist ihm nämlich verboten.

## DER GEFASSTE VERFOLGER

Hier zaudert die filmnotwendige Verwicklung nicht länger einzusetzen. – Man hat wohl bemerkt, daß zugleich mit dem Millionär ein verdächtiger Apache ausgestiegen ist, der jenen über alle Kontinente hin grausam verfolgt, um ihm (Erbrechts wegen) den Garaus zu machen. Dieser Schurke schleicht auch sofort ins Haus ein, wo der Amerikaner zu Gast ist, und versteckt sich auf dem Dachboden, während nichtsahnend der Familienkreis gemütlich bei Tisch beisammen ist und sich den vom Onkel geschilderten Verfolgungen endgültig entzogen wähnt. – Indessen ist der junge Kühnebeck in die glühenden Abenteuer eines Detektivromans versetzt, der sich vor seinen Augen in der Dachkammer etabliert. Der Leser selbst wird zum Meisterdetektiv. In Wahrheit aber hält den zwischen Gefängnismauern, New-Yorker-Kellerschenken und Folterkabinetten Umhertaumelnden ein Dienstmädchen für einen

Diebesspion, der sich auf diese seltsame Art unauffällig machen will. Sie ruft einen Polizeimann. Dieser dringt in Kühnebecks imaginierte Verbrecherjagd störend herein. Vorstellung verschwindet, Realität platzt los. Der versteckte Apache springt hervor, da er sich verfolgt glaubt. Revolver. Schüsse. Polizeimann wankt. Aber auf dem Posten ist Kühnebeck, der jetzt seine phantastische Rolle als ‚Feind des Verbrechens' mit wirklichem Mut anfüllt, den Apachen, den er in die Fortsetzung seiner Lektüre einspinnt, jugendlich niederwirft und festhält, bis auf seinen Alarm das ganze Haus, Gendarmen, Vater, Mutter, Schwester und der amerikanische Onkel herbeilaufen. Der Onkel erkennt seinen ärgsten Feind in dem Gefangenen. Nun zeigt er sich wirklich großfürstlich dankbar. Geld, Banknoten. Er ist, der Unscheinbare, doch Millionär. Die ganze Familie fühlt den Segen. So hat des Gymnasiasten Phantasterei doch mal einen goldenen Boden gehabt. Und alle sind von ihrem Vorurteil gegen Literatur ein für allemal geheilt, was niemanden mehr freut als den Autor dieser Filmidee.

*KURT PINTHUS*

# DIE VERRÜCKTE LOKOMOTIVE
*oder*
# ABENTEUER EINER HOCHZEITSFAHRT
*Ein großer Film*

1.

*Das anmutige schlanke Fräulein Dr. Ing. Erna Eisen und der Dichter Peter Pabst* spielen in weißer Kleidung eifrig und geübt Tennis. Ein in rote Livree gehüllter Negerboy sucht mit grotesken Sprüngen die Bälle auf. Bisweilen fliegt ihm ein Ball gegen die Nase oder den Bauch, und er überschlägt sich in einem turbulenten Salto mortale. Um sich zu erholen, setzen sich Dr. Ing. Erna und der Dichter auf eine Bank vor blühendem Gebüsch, und Peter zieht eine Tüte mit Konfekt hervor, während Erna Zigaretten anbietet. Der Mohr schläft ein. Das Tennisspiel wird in preistournierwürdiger Weise fortgesetzt, während sich die stattliche Mama Eisen, von dem erwachten Boy devot begrüßt, nähert, um die Tochter abzuholen.
Ein anderer sozialer Lebenskreis steigt hervor. In einer armseligen Vorstadtwohnung verzehrt der durch seinen Beruf nervös gewordene und stets erregte *Lokomotivführer Nikolaus Schnuckert* seine Mahlzeit aus einem großen Napf. Er blickt unruhig auf seine sehr hübsche, kokette Frau und bittet sie, ihm während seiner weiten Eisenbahnfahrten die Treue zu bewahren. Die Frau umarmt ihn; und

halb beglückt, halb traurig geht er durch die kümmerlichen Vorstadtgassen zum Bahnhof.

*In einer schönen Sommernacht* spazieren im Park hinter der weißen Villa Mama Eisens der Dichter mit Fräulein Dr. Ing. Erna. Man merkt, der Schüchterne will eine Liebeserklärung vorbringen, aber das Fräulein übersieht diese Absicht mit lächelnder Anmut. Schließlich zieht Peter ein Gedicht hervor, um es der Geliebten vorzulesen. Aber nach einigen Versen reißt ihm Erna das Blatt aus der Hand und umhalst lachend den Verdutzten. Eng umschlungen schreiten sie durch den blühenden nächtlichen Garten im Mondschein zu der Terrasse der Villa, auf der plötzlich im hellen Lichterglanz Mama Eisen freundlich segnend erscheint.

In derselben Sommernacht sieht man *Frau Schnuckert ungeduldig am Fenster* stehen. Plötzlich eilt sie zur Tür und empfängt den lustigen Variété-Komiker Fred Cloß, ihren Geliebten. Sie setzt ihm allerlei Backwerk und Wein vor und ergötzt sich an den Liebkosungen des Gentleman. – Da kehrt der Lokomotivführer durch die Gassen nach einer langen Eisenbahnfahrt zurück. Als er sich dem Hause nähert, sieht er beim keimenden Morgen den Variété-Komiker Fred Cloß aus dem Hause schleichen. Nikolaus stürmt wild in seine Wohnung, schimpft drohend mit seiner Frau, ohne sie jedoch zu schlagen, und als sie trotzig leugnet, beginnt er in einem hysterischen Wutanfall zu schreien, wüste Sprünge zu machen und das Geschirr zu zerschlagen.

Wir erleben die *Hochzeit Ernas und Peters.* Die elegante Hochzeitsgesellschaft sitzt an einer großen hufeisenförmigen Tafel, hübsche Kinder treten auf und sagen ein Glückwunschgedicht. Der spaßige alte Onkel Flodoard, der neben der würdigen Mama Eisen sitzt, läßt eine Brautrede unter komischen Gesten emporsteigen, während der alles lacht und lustig ist. Nach Ende der Tafel wird von einigen der jüngeren Gäste ein kleines Ballett aufgeführt, darstellend die Vereinigung der altmodischen Poesie mit der modernen Technik. [Schäferkostüme und Fliegeranzüge.] Dann beginnt der Tanz, angeführt von Mama Eisen und Onkel Flodoard, während das Brautpaar sich verabschiedet.

Das junge Paar fährt durch den dämmernden Morgen im Auto zum Riesenbahnhof, um seine Hochzeitsreise nach Süditalien mit dem *Luxuszug Berlin–Rom* zu beginnen. Sie gehen durch das wirre, tobende Leben der Bahnhofshalle, in der noch die grellen Bogenlampen leuchten, zum Zug, in dessen Gepäckwagen ulkige Gepäckträger groteske Gepäckstücke hineinschaffen. Erna und Peter besteigen ein Coupé und machen es sich bequem. Man bemerkt, daß Peter sorgsam eine schwarze Mappe hütet, in der seine Manuskripte geborgen sind; er schaut öfters hinein und skandiert versonnen ein paar Verse. Schließlich sieht man den Lokomotivführer Nikolaus Schnuckert durch das Gedränge zur Lokomotive sich begeben und in das Lokomotivgehäuse hinaufsteigen. Die Türen werden zugeschlagen. Während es Tag wird, fährt der Zug langsam durch die Halle.

II.

*Das junge Paar reist* glückselig in einem Coupé allein. Erna und Peter sitzen sich gegenüber, die Hände auf ihren sich berührenden Knien ineinander gelegt, so daß sie sich in die Augen schauen und ihre Köpfe silhouettenhaft gegen den immer lichter werdenden Morgenhimmel dämmern. Währenddes rauscht draußen vor dem Fenster (zwischen ihren Köpfen) eine schöne mitteldeutsche Landschaft in Sommerreife vorbei. Nikolaus Schnuckert steht unterdes in dem Gehäuse der Lokomotive, rußgeschwärzt, starren Auges aus dem Fenster vor sich auf die Schienen blickend und arbeitet an den Hebeln. Wir sehen dann den langen Zug geschmeidig durch die immer gebirgiger werdende Landschaft gleiten und beobachten auch das glückselige Paar, welches sich küßt und streichelt und lacht. Peter nimmt trotzdem seine Mappe mit den Papieren wieder aus dem Gepäcknetz und schickt sich gerade an, mit würdiger Miene ein Gedicht vorzulesen. Da packt Erna die Mappe, reißt die Papiere heraus, und schnell streut sie die Dichtungen aus dem Fenster. Und siehe: all die Gedichte verwandeln sich in bunte Vögel und fliegen lustig über die Landschaft dahin. Peter zeigt zuerst ein mürrisches Gesicht, das aber immer klarer und glücklicher wird, als er bald in die leuchtende Landschaft, bald in das fröhlich lockende Gesicht Ernas blickt. Da sinken sich die beiden heiß in die Arme ...

*Nikolaus aber arbeitet bedachtsam an den Hebeln der Lokomotive.* Die Luft im Gehäuse wird sehr heiß; er wischt sich oft den Schweiß von der Stirne und streckt, sich räkelnd, ermüdet die Arme von sich. Da denkt er an seine hübsche Frau ... und sein Gesicht verdüstert sich. Die Eifersucht umschleiert seine Augen ... und er erblickt vor sich das Bild, welches wir schon sahen, – er sieht: wie der Variété-Komiker Fred Cloß mit seiner fernen Frau liebkost ... Seine Mienen werden verwirrt, seine Augen groß und wild, und seine Glieder beginnen in krampfigen Bewegungen zu zucken. Nikolaus beginnt seine wüsten Sprünge, und seine Hände tasten irr an dem Hebelwerk der Lokomotive herum. Noch einmal sieht er das ehebrecherische Paar ... *Und in wütender Verzweiflung stellt er den Hebel der Lokomotive auf die größte Geschwindigkeit ein.*

Nun sehen wir den Zug schneller und schneller durch die Landschaft rasen, bis sich sein Tempo zu einer noch niemals erblickten Geschwindigkeit steigert. Drinnen aber im Speisewagen sitzen die Leute beim Mahl. Verwundert sehen sie plötzlich die Landschaft in tobender Geschwindigkeit vorbeisausen. Der Wagen schüttert, so daß die Getränke überlaufen, die Speisen von den Tellern fliegen. Entsetzt springt man auf, starrt aus den Fenstern, und sieht draußen die Welt wie zerstückt in Fetzen vorbeifliegen. Man glotzt sich entsetzt in die Augen, stürzt durch die Korridore des Luxuszuges mit verzweifelten Gesichtern

und Gebärden. Mütter umschlingen die schreienden und zappelnden Kinder. Der Koch und die Kellner stürmen im Speisewagen umher und werfen das Geschirr aus dem Fenster. *Einem amerikanischen Millionär werden vor Entsetzen die Haare grau;* er reißt aus seiner Brieftasche Banknoten, aus seinem Koffer Geldrollen und verstreut Geldstücke und Scheine in den Gängen unter die Leute, während seine häßliche, dürre, riesenhafte Frau ihn keifend daran hindert. Das Paar Erna und Peter jedoch merken in ihrem Versunkensein nichts von dem Unglück und der Verzweiflung. *Der irrsinnig gewordene Lokomotivführer* tanzt immer noch in seinem Gehäuse. Da kriecht der Heizer vom Kohlenwagen herbei, um den Zug zum Halten zu bringen; als er aber den Irrsinnigen erblickt, springt er entsetzt vom Wagen ab. Und man sieht nun den Zug durch die schönsten Gegenden Deutschlands rasen: Über Weichen durch die Bahnhöfe, durch liebliche Landschaften Thüringens. Über bewaldete Berge an alten Städten vorbei (etwa Nürnberg). Der Zug knattert über Brücken, tobt durch Tunnels, hüpft wie ein Fisch über Flüsse, und plötzlich springt er vom Ufer in einen See hinab (etwa den Bodensee) und durchschwimmt ihn wie eine Seeschlange. Dann nähert er sich dem gezackten Profil der Alpen, saust die Berge hinauf, an friedlichen Alpenseen und Riesenhotels vorbei ... Da erhebt er sich in die Lüfte und schwebt wie ein fliegender Wurm über eisglitzernde Gletscher, über unendliche Abgründe. Und er senkt sich wieder hinab in die oberitalienische Ebene, rast an den dunkelblauen Seen vorbei und stürmt durch Italien ... Verona ... Bologna ... Florenz ... Umbrien mit seinen Felsennestern ...
Bisweilen erblickt man in rasch vorüberzuckenden Bildern die *Schreckensszenen im Zuge* hinhuschen. Die Passagiere winken und schreien aus den Fenstern ... einige klettern in die Gepäcknetze, weil sie sich dort sicherer glauben. Andere reißen die Feuerspritzapparate von den Wänden und beginnen zu spritzen, aber die Wasserstrahlen prasseln auf die verzweifelten Reisenden, welche wütend

die Spritzenden verprügeln. Der Millionär hockt stumpfsinnig in seinem Coupé und läßt das Geld durch seine Finger rieseln, während die häßliche, dürre, lange Frau die Coupétür zum Wagengang zuhält, damit niemand hineindringt, um den Mann zu berauben. Die Schaffner ziehen nutzlos die Notleinen und reißen Axt und Säge von den Wänden, ohne zu wissen wozu. Manche schließen ihre Koffer auf und beginnen in ihrer Verzweiflung alles auszukramen, sich umzuziehen, ihre Kleinodien hervorzusuchen ...

Draußen an den Schienen aber sieht man blitzartig Menschen stehen, die dem verrückt gewordenen Zuge nachstarren. Und besonders die Zollbeamten an der Grenze glotzen wild gestikulierend auf den rasenden Zug und stürmen vergeblich mit langen Armen auf den Schienen hinterher ... Schließlich springt der Zug vom Land aufs Meer und rennt wie ein Wasserläufer über die schimmernde blaue Flut.

III.

Inzwischen sind aber *Erna und Peter* aus ihrem Liebestraum durch das Gelärm der Reisenden aufgerüttelt worden. Sie öffnen die Tür zum Gang, und Menschen stürzen herein, die wild das Schreckliche berichten. Während der Dichter sich die Haare rauft und anklagend die Arme zum Himmel schwingt, geht Erna, ruhig und entschlossen, beschwichtigend im Gang umher. Sie schreitet den Gang entlang, begibt sich in den Gepäckwagen, klettert über Kisten, Koffer, Säcke, Kinderwagen, Fahrräder ... Man sieht sie aus der Tür des Gepäckwagens hinaustreten, auf dem Trittbrett des Wagens entlang balancieren (während der Zug weiter durch die Landschaft rast) und mühsam auf den Kohlenwagen hinauf klimmen. Sie klettert über die Kohlen zur Lokomotive und steigt in das Gehäuse, wo der Wahnsinnige noch immer vor den Hebeln wütend tanzt. Da packt Erna den irren Nikolaus an den Armen und

schleudert ihn von der Lokomotive herunter ins dichte Gebüsch des Waldes, den der Zug gerade durchsaust.
Die Frau Dr. Ing. kennt das Hebelwerk des Zuges, – einen Augenblick starrt sie auf die Hebel und Räder. Dann packt sie einen Hebel, schlägt ihn herum – – – Und der Zug steht still ...
*Im dichten Urwald hält der Zug.* Aus allen Türen drängen verwundert und entstellt die Reisenden heraus und erkennen mit komisch verzweifelten Gebärden, daß der Zug nicht mehr auf einem Schienengeleise steht, sondern daß man sich irgendwo in der Welt in einem dichten Walde befindet. Und nun stapft alles, geführt von Erna, durch den Urwald, der seltsame Bäume, Blumen und Schlingpflanzen in tropischer Verwirrung zeigt. *Der Millionär und seine Frau*, mit der Geldtasche bepackt, marschieren hinter dem Trupp der Reisenden. Da tritt plötzlich aus dem Gebüsch ein wildes Raubtier (etwa ein Tiger oder Zebra) hervor und rollt schweifwedelnd die Augen. Die Frau entspringt entsetzt und klimmt katzenartig einen Baum empor, während das wilde Raubtier friedfertig wieder im Gebüsch verschwindet. Droben aber grinst ihr bereits das bunte Hinterteil eines Äffleins entgegen, so daß sie, aufs neue erschreckt, eine Schlingpflanze ergreift, welche abgleitet, so daß die dürre Frau zwischen zwei Bäumen langgestreckt in der Luft schwebt. Und der Millionär hebt die Arme, faßt die Schwebende bei den Beinen, setzt sie auf seine Schultern, und die Gerettete klettert an ihm herab. Schnell folgen sie den übrigen. Die Reisenden sind unterdes aus dem Wald getreten, sie stehen am Strand vor dem weiten, weiten Meer. Und alle erkennen: sie sind *auf einer einsamen Insel* allein im Ozean, abgetrennt von Menschen und Städten. Man sieht nun das Häuflein der Reisenden verzweifelt und melancholisch sich durcheinander bewegen wie geschäftig bekümmerte Ameisen. Die Nacht sinkt vom Himmel, und während es dunkelt, legt man sich dort, wo der Urwald in den Strand übergeht, zur Ruhe nieder.

IV.

*Eine Robinsonade entspinnt sich.* Jeder ist bemüht, sich und den andern das Leben auf der einsamen Insel erträglich und angenehm zu gestalten. Man hat die Eisenbahnwagen bis zum Waldrand transportiert und benutzt sie als Wohnhäuser. Aus dem Gepäckwagen holt man alle Gepäckstücke heraus und sucht die Gegenstände praktisch zu verwenden: allerlei Geschirr, seltsame Dinge für den täglichen Gebrauch und kuriose Kleidungsstücke kommen zum Vorschein. In den Kinderwagen werden einige Säuglinge am Ufer spazieren gefahren. Sogar ein Klavier wird aufgefunden. Beherzte Männer ziehen, mit Flinten und Revolvern ausgerüstet, in den Urwald, suchen Früchte und schießen das Getier des Waldes. Unterdes werden in der Küche des Speisewagens unter der Oberleitung des Kochs die Mahlzeiten zubereitet.

Man sieht, wie die Reisenden, im Freien auf dem Boden sitzend, von vollkommenem Geschirr essen, während die Speisewagenangestellten servieren. Da beginnt es zu regnen, und alle ziehen mit den Speisen in den Speisewagen und essen dort die Mahlzeit zu Ende, als ob sie zwischen Berlin und Hof reisten. Ein riesiger, dünner Baum wird gefällt und am Strande aufgepflanzt. Dann zwingt man die geizige Millionärin, weil sie die größte Person ist, einen großen, weißen Unterrock herzugeben, der oben an der Stange als Notflagge befestigt wird. Über dies groteske Leben und Treiben herrscht als Königin Dr. Ing. Erna, die weisend und ordnend umhergeht, während der Dichter Peter Pabst, da er zu keiner Arbeit brauchbar ist, – ein zweiter Homer – am Strand entlang schreitet und ein Epos über das Leben in der Natur beginnt.

Der Phantasie des Lesers und des Kinoregisseurs ist es nun überlassen, sich vielerlei *spaßhafte oder rührende Szenen* für die Robinsonade auszusinnen, in denen das Zusammentreffen der Kulturmenschen, ihrer Lebensgewohnheiten und Kulturdinge mit dem primitiven Natur-Not-Zustande sehr komisch wirken muß. So könnte man die Reisenden bei der Morgentoilette am Meer beobachten; man könnte sehen, wie sich Liebesverhältnisse, Intrigen, Idyllen, Eifersuchtsszenen, Jagdabenteuer unter den Verlassenen abspielen. Und als Glanzstück wäre eine italienische Nacht vorzuführen; alles tanzt zur Musik des Klaviers am Strand, während der Mond die Szene lieblich illuminiert.

Da aber diese Robinsonade wie jeder Film sein Ende finden muß, so erfordert es die kinematographische Gerechtigkeit, daß endlich eines schönen Tages *ein großer Ozeandampfer in Sicht* gerät. Der Kapitän auf dem Schiff erblickt durch sein Fernrohr zuerst den fliegenden Unterrock der Millionärin, dann ganz winzig am Strand die Robinsöne und -töchter. Er beschließt, die Verlassenen zu retten, und das Schiff nähert sich der Insel, während die Einsamen in Geschrei ausbrechen und sich jubelnd in die Arme fallen. Große Rettungsboote rudern zum Strand. Die Verlassenen packen eilends in lustiger Verwirrung ihr Gepäck in die Koffer, – sogar die geizige Millionärin holt den Rock von der Stange herab, – man läßt den Eisenbahnzug am Urwaldrand zurück und begibt sich mit Sack und Pack in die Rettungsboote, auf welchen die Glücklichen rasch zum Dampfer gebracht werden.

*Auf dem Riesendampfer* entfaltet sich nun ein munteres Leben, und die Geretteten vermischen sich mit den sie bewundernden und befragenden Passagieren des Dampfers, um ihre Liebesgeschichten und Intrigen hier (wie in aller Welt) weiter zu spinnen. Drunten aber sitzt der Markonitelegraphist und schickt folgendes Funktelegramm in die Welt:

*Die Verschwundenen des verrückt gewordenen Luxuszuges*
*auf einer einsamen Insel gefunden und aufgenommen.*
*Ankunft Donnerstag Hamburg*

Während das Ehepaar Erna und Peter an Bord des Dampfers stehen und verliebt und sehnsüchtig über das Meer blicken, sitzt die über das Verschwinden ihrer Kinder betrübte *Mama Eisen in ihrer Villa* und weint. Da tritt der dicke Onkel Flodoard herein und schwingt fröhlich eine Zeitung in der Hand. Mama Eisen will ihm seine Fröhlichkeit übel nehmen, als sie aber das Funktelegramm in der Zeitung liest, wird sie sofort lebendig, umhalst Onkel Flodoarden und fährt mit ihm nach Hamburg.

*An der Landungsbrücke* harren Mama Eisen und Onkel Flodoard mit vielen anderen Leuten auf den rückkehrenden Dampfer. Und das Riesenschiff naht, die Passagiere werden an Land gebracht. Unter allgemeinem Jubel und unendlichen Umarmungen begrüßen sich Ankommende und Wartende; am glücklichsten aber sind Erna, Peter, Mama Eisen und Onkel Flodoard. Da tritt in die allgemeine fröhliche Verwirrung würdig und pflichtbewußt ein Photograph mit großer, schwarzer Kamera und bittet die Geretteten, sich als Gruppe photographieren zu lassen.

Umständlich wird der Riesenapparat aufgestellt, während sich die Geretteten: Erna, Peter, das Millionärehepaar und alle die seltsamen Gestalten, die wir aus dem Luxuszug und der Robinsonade kennen, zu jener rührenden Gruppe formieren, die wir zum Schluß des Films als Apotheose auf der weißen Leinwand erblicken.

*JULIE JOLOWICZ*

# DIE ROTE LATERNE

Amandus Tugendreich war eben aus seiner Heimat, einem kleinen, weltabgelegenen Städtchen, auf einem Bahnhof Berlins angelangt und stand betäubt und verwirrt inmitten seines umfangreichen Handgepäcks auf dem Perron. Wehmütig starrte er auf die schöne Tasche mit der Inschrift, die ihm eine fröhliche Reise wünschte, und die ihm daheim die Mutter mit vielen guten Reden überreicht hatte. Vielleicht kommt aber die Fröhlichkeit doch noch nach all den Beschwerden, dachte Amandus Tugendreich, nahm resolut seine Bagage, suchte, beladen mit Gepäckstücken, nach seinem Billett, um es dem kontrollierenden Beamten zu reichen, und trollte sich endlich die Bahnhofstreppe hinunter auf die Straße.

Jetzt galt es vorerst, eine Wohnung zu suchen, und man hatte ihm eingeschärft, recht vorsichtig dabei zu Werke zu gehen. Amandus trabte geduldig von einer Straße in die andere, treppauf und treppab. Er studierte die ausgehängten Zettel, ging mißtrauisch weiter, oder fragte begehrlich nach dem Mietspreis, der den an kleinstädtische Entlohnung Gewöhnten dann doch wieder zurückschreckte. Einmal ließ er, wegen der Erleichterung beim Treppen-

steigen, die Hälfte seines Gepäcks auf dem Hausflur stehen, aber als er wieder herunterkam und es an sich nehmen wollte, war es zu seinem schmerzlichen Erstaunen verschwunden. Vielleicht hatte es jemand aus Ordnungssinn fortgenommen, denn eigentlich hatte es ja in dem Hausflur nichts zu suchen. Große Verzweiflung – großes Hallo – erbitterte gegenseitige Beschuldigungen, die mit einem Hinauswurf des schon ganz verstörten Amandus endeten. Als er völlig mutlos im Weitergehen überlegte, ob er nicht doch lieber in die Heimat zurückkehren sollte, kam er in eine Straße, die mit ihrer Enge und ihren kleineren Häusern an seine Heimatstadt erinnerte, und Amandus rannte spornstreichs in das nächste Haus, an dem ein Zettel das Vorhandensein einer Schlafstelle ankündigte. Er fand eine freundliche Kammer unter dem Dache, die ihm eine dürre, redselige Wirtin in allen Tonarten anpries, und einigte sich über den für ihn annehmbaren Betrag, den sie für das Logis forderte. Nachdem er seinen bescheidenen Ansprüchen an eine primitive Sauberkeit genügt hatte, bestellte er sich eine Tasse Kaffee, die in eine ganze Kanne voll ausartete, als die Wirtin sah, wie er eine lange, heimatliche Wurst auspackte und Brot dazu legte, das die Mutter selbst gebacken hatte. Sie setzte sich vertraulich zu ihm, schlang gut dreiviertel seiner mitgebrachten Vorräte hinunter, nötigte ihn mit großem Wortschwall zum Trinken, und Amandus wurde schließlich ganz vertraulich und behaglich zumute. Sie versprach ihm auch noch, eine Karte an die Eltern in den Briefkasten zu befördern und half ihm seine Sachen auspacken. Wozu sicher ebenso viel Neugier als Nächstenliebe die Triebfeder war. Amandus aber feierte sie in Gedanken als hilfreichen Engel und legte sich beruhigt schlafen.
Nach einer kleinen Weile erschien im Nebenzimmer die Wirtin im Nachtgewand mit einem Licht in der Hand, um durch das Schlüsselloch sich vom Wohlsein ihres neuen Mieters zu überzeugen. Sie stellte das Licht auf einen Tisch, der dicht vor das Fenster gerückt war, und so war es nur

natürlich, daß die spärlichen Gardinen sich mit der Flamme befreundeten und aufflackerten, und ebenso selbstverständlich, daß die eifrige Frau auf ihrem Späherposten das erst merkte, als schon beinahe der Zipfel ihrer Nachtmütze in Brand gesetzt wurde. Dafür war ihr Geschrei und ihre Kopflosigkeit um so größer, als sie endlich die Gefahr gewahr wurde, in der sie schwebte. Sie fiel buchstäblich mit der Tür in das Zimmer von Amandus Tugendreich, den sie unbarmherzig rüttelte und wach schrie.
Amandus kam gar nicht zum Bewußtsein dessen, was eigentlich mit ihm geschah, er sah sich von aufgeregten Leuten – seiner Wirtin und den herbeigelaufenen Nachbarn – bedrängt, die ihn forthetzten, am nächsten Feuermelder die Feuerwehr zu alarmieren. Sie schärften ihm ein, das sei eine rote Laterne, und er solle den ersten Melder, den er fände, der Instruktion gemäß, die dort zu lesen seien, einschlagen. Er habe am wenigsten zu retten, meinten sie. Seine Beinkleider ließen sie ihn noch anziehen, den Rock warfen sie hinter ihm her.
Amandus lief dienstbereit die Treppe hinunter, kam auf die Straße und war hocherfreut, als er kaum zwei Häuser weiter das rötliche Glimmen einer Laterne bemerkte. Wie ein wütender Kobold stürzte er darauf los, zog, da er keinen Stein oder sonst etwas Zweckmäßiges fand, seinen nicht gerade zierlichen Pantoffel aus und warf ihn mit aller Kraft nach der Lampe, die klirrend auseinanderbarst. Amandus Tugendreich aber blieb befriedigt stehen und wartete, daß die Feuerwehr komme. Statt dessen erschienen hinter einer verhangenen Tür einige keifende Weiber, die etwas milder gestimmt wurden, als sie ein männliches Wesen fanden, in dem sie berechtigt waren, einen Gimpel zu vermuten, den sie rupfen konnten. Sie wollten ihn einladend näherschmeicheln, aber Amandus, der immerhin erkannte, daß er hier nicht die Feuerwehr vor sich habe, lief davon, der nächsten roten Laterne zu, die ihm winkte. Die beiden Frauen schimpfend hinterdrein. Es wiederholte sich dasselbe Manöver, nur daß noch ein paar aufgeschreckte Gä-

ste mit den Kellnerinnen vor die Tür stürzten und sich hinter Amandus Tugendreich hermachten. Er floh, von Furcht und Pflichteifer gehetzt, durch die Straße und warf eine rote Laterne nach der anderen ein, wodurch sich die Meute seiner Verfolger stets um ein Beträchtliches vermehrte, ohne daß die Feuerwehr darunter gewesen wäre, was ihm jedesmal Verwunderung und Enttäuschung erweckte. Denn da die Straße, in der er gemietet hatte, gerade keine von den vornehmsten war, hatte er Gelegenheit genug, die Zuverlässigkeit der ihm gewordenen Weisung zu erproben.

Schließlich war er mit letzter Kraft bis an eine Straßenecke gekommen, wo völlig isoliert noch eine von den gesuchten roten Laternen brannte. Zur Vorsicht warf Amandus sowohl den mittleren Glaskasten wie die rotgefärbte Glocke ein, und da diesmal keine Tür sich öffnete und niemand herauskam, der ihn beim Kragen nehmen wollte, lehnte er sich erschöpft an den Laternenpfahl. Daß er wartete, bis jetzt wirklich die Feuerwehr erschien, dafür sorgten die Erregten und Erbosten, die ihn eingeholt hatten. Das Eintreffen der Löschzüge befreite ihn, und man ließ sich von ihm nach der Brandstätte leiten.

Dort hatte man sich indes erinnert, daß es in der Wohnung eine Wasserleitung gab; ein ganz Beherzter hatte die brennenden Gardinen heruntergerissen, und eine allseitig geförderte Überschwemmung hatte die Flammen erstickt. Kurze Zeit, bevor Amandus Tugendreich als Sieger mit der Feuerwehr angerückt kam, der er Großfeuer gemeldet hatte. Amandus Tugendreich konnte von jetzt ab die Wahrheit des Sprichworts ‚Undank ist der Welt Lohn' vollkommen bestätigen: Die Hausbewohner machten ihm bittere Vorwürfe wegen seiner langsamen Hilfeleistung, die Feuerwehr wegen der unnützen Bemühung. Und während sich Amandus seinen übel behandelten Rücken rieb, kamen auch schon Schadenersatzansprüche, Strafmandate wegen groben Unfugs und der Beschädigung öffentlichen Eigentums.

*ALBERT EHRENSTEIN*

# DER TOD HOMERS
*oder*
# DAS MARTYRIUM EINES DICHTERS

PROÖMIESKE VOR-WORTE

*Ich protestiere feierlich gegen die unerhört kurzfristige Prophezeiung des genialen Dandy Ovid: «Vivet Mæonides, Tenedos dum stabit et Ida, dum rapidas Simois in mare solvet aquas.» Als ob Homer diese lausigen, durch das nächstfällige Erdbeben gehandikapten Örtlichkeiten nicht um Äonen überleben würde! Ich protestiere ferner gegen die tolle Verdrehung meines zynischen Freundes Lukian, Homer sei während des trojanischen Krieges (1193–1184 v. Chr.) Dromedar in Baktrien gewesen. Wahr ist vielmehr das Trottelwort archaischer Pädagogen: «Sieben Städte stritten sich um die Ehre, Homer geboren zu haben: Smyrna, Rhodos, Kolophon, Salamis, Chios, Skyros, Athenai.»*
*Warum sich aber die diversen Stadtväter so hartnäckig stritten, erfährt die leichtgläubig betrogene Nachwelt allerdings erst durch diesen Film.*

*Erstes Bild*

Homer dichtet die Ilias und die Odyssee; der alte Mann geht vor seinem Zelte skandierend und die Leier schlagend auf und nieder.

*Zweites Bild*
Auf dem Landgut des Odysseus trägt Homer seinem König einiges vor. Odysseus läßt dem Sänger durch einen Sklaven einen Becher Wein reichen und ein Ehrengeschenk übergeben: eine milchstrotzende Kuh. Homer dankt freudig, trinkt, läßt das wandelnde Honorar durch den Sklaven heimführen und erklärt stolz, weintrunken, kein Wesen hätte die Gabe mehr verdient als er. Und auf eine Statue des Phoibos Apollon deutend, versichert er, selbst dieser Gott hätte nicht besser, höchstens ebensogut dichten können wie er. Denn Apollon sei nur ein Stämmling des amusischen Zeus, er aber habe die Dichtkunst geerbt, ihn hätten Sänger, Phemios mit Demodokos gezeugt.

*Drittes Bild*
Auf dem Olymp, von den neun Musen umtanzt, hört Phoibos Apollon diese frevle Selbstanzeige des Dichters und stürmt durch den weißen Bergnebel nach Ithaka, über die Schultern den Bogen gelegt und den Köcher voll tosender Pfeile.

*Viertes Bild*
Drohende Gebärden. Es kommt zum Wettkampf. Odysseus soll zwischen den Dichtern Apollon und Homer entscheiden. Apoll greift nach der Leier Homers. (Was der junge Gott singt, zeigt das)

*Fünfte Bild*
Achilleus lehnt seinen leuchtenden Schild gegen die Mauer und versucht, mit seinem ungeheuren Eschenspeer anrennend, die Tore Trojas zu durchbrechen. Der Speer zersplittert. Der rasende Achill will die Tore mit den Händen aus den Angeln heben. Vergebens warnt, von der Mauer herdräuend, Apollon; der Pelide läßt nicht ab, und wie er des alten Troja Wanketore auf seine Dämonsschul-

tern lädt, benützt ein Pfeil des Gottes die Achillesferse. Griechen und Troer kämpfen in den bekannten malerischen Posen um den Leichnam Achills. Während der dicke Aias die kühnsten Troer tötet, trägt Odysseus, schwerbedrängt, den Leichnam hinab zu den Schiffen ... Dankbar verleiht Achills Mutter Thetis dem Odysseus die Waffen des Achill.

*Sechstes Bild*

Odysseus vernimmt diesen bestechenden Lobgesang mit Rührung, doch Homer bleibt unbewegt, sein Gesang

*Siebentes Bild*

schildert die Liebe Apolls zu Daphne. Wie der verliebte Gott die sich an einer Quelle kämmende Nymphe beschleicht, belauscht, waldein, waldaus verfolgt – die fast Erhaschte im letzten Augenblick zu ihrer Mutter, der Erde, bittend die Hände erhebt und abwärts neigt und von ihr in dürren Strauch verwandelt wird. So daß der Gott statt des süßen Mädchens den bitteren Lorbeer (daphne laurus) umfängt.

*Achtes Bild*

Als Homer geendet, wird in Apollon der Schmerz um die geliebte Daphne neu, er verhüllt sein Haupt. Gleichgültig gibt der weinende Gott zu, daß ihn Odysseus für besiegt erklärt, drückt mitleidsvoll die Hand Homers, fährt ihm bedauernd über Augen, Wangen und Schultern, und erklärt, da er besiegt sei, habe er nicht die Macht, von Homers Haupt das Schicksal eines Dichters abzuhalten.

*Neuntes Bild*

Odysseus, ein Ruder auf den Schultern, verabschiedet sich von Homer. Poseidon, dem er den Sohn Polyphemos geblendet hatte, zu versöhnen, muß Odysseus eine Wallfahrt unternehmen, die so lange zu dauern hat, bis er ein Binnenlandvolk erreicht, das sein Ruder für eine Schaufel hält. Odysseus empfiehlt den Dichter der Fürsorge Telemachs und Penelopes.

*Zehntes Bild*
Aber Telemach ist immer auf der Wildziegenjagd. Und Penelope gibt dem Dichter, da er sich im Hauswesen nicht sehr nützlich macht (ihrer schwersten, blaumaschigen, zahmen Lieblingsstopfgans einen Fuß zertritt), stets kleinere Portionen, bis er endlich schweren Herzens, halb und halb verdrängt durch einen Konkurrenten, den Hausbettler Irus, den Entschluß faßt, den Palast zu verlassen. Penelope streicht ihm zwei Käsestullen, und Homer geht auf die Wanderschaft.

*Elftes Bild*
Da er in frühester Kindheit die Eltern verlor, und seine Vaterstadt, die ihn im Greisenalter zu ernähren hätte, nicht kennt, begibt er sich zunächst nach dem reichen Asien. Phöniker, denen er dafür die von Odysseus geschenkte Kuh gibt, nehmen ihn mit auf ihrem Schiff.

DIE ACHT LEIDENSSTATIONEN
*Zwölftes Bild*
*1. Smyrna.* Bevor der von der Seefahrt und den Entbehrungen geschwächte Dichter die Stadt betritt, färbt er sich sein ergrautes Haupthaar und den Bart. Singt auf den Plätzen ums liebe Brot. Aber das Volk verlacht ihn – die Haarfarbe war schlecht gewesen, hatte ihm grüne Haar- und Bartlocken geliefert. Erschöpft setzt sich der arme, von höhnenden Kindern verfolgte Bettelmusikant im Stadtpark von Smyrna auf eine Bank und schläft ein, an die niedrige

Stadtmauer gelehnt. Nicht gerührt durch die Tafel 'Diese Anlagen sind dem Schutze des Publikums empfohlen' langt ein Kamel über die Mauer und frißt, durch die grüne Farbe verlockt, Homers Schädel rattenkahl. Seitdem trägt er eine Perücke.

*Dreizehntes Bild*

2. *Kolophon.* Infolge zu starken Kolophoniumgebrauchs und unausgesetzten Harfenschlagens beginnen Homers Finger zu eitern. Er fürchtet, die Hand werde ihm abfaulen, sehnt sich nach Ruhe, Pflege. Geht halb verzweifelt, halb sehnsüchtig einem schönen Weibe nach in den Tempel des Apollon Kourotrophos. Beugt sich, und fleht den Gott an, das Weib möge wilde Liebesnächte und frische Jünglinge verschmähen und sich seiner erbarmen. Aber sie neigt sich einem Tempeldiener und Homer bleibt nichts anderes übrig, als auch weiterhin die Ilias und die Odyssee zu verfassen.

*Vierzehntes Bild*

3. *Rhodos.* Enttäuscht verläßt Homer Asien. Auf Rhodos wird ihm anfangs guter Empfang bereitet. Aber dann wird er in die Königsburg geführt und, auf einen sanft verblödenden Greis deutend, versichert man ihm, dies sei der Heraklide Tlepolemos, den er in der Ilias von Sarpedons Hand habe fallen lassen. Hierauf erklärt ein Sohn des idiotischen Greises, der Tlepolemiker Thersites wütend, Homer habe einen Schlüsselroman geschrieben, und dem Dichter wird der fernerweitige Aufenthalt auf der Insel behördlich untersagt.

*Fünfzehntes Bild*

4. *Chios.* Der gute Wein dieser Insel hebt wieder Homers Stimmung. Er singt seine Lieder vor sich hin. Da nähert

sich dem Vertrauensseligen ein Jüngling semitischen Aussehens: Lykophron. Bittet den Homer, ihm noch einiges vorzudeklamieren. Der Dichter tut es. Lykophron lobt ihn, bietet ihm an, selbst auch Homers Gesänge vorzutragen, und zwar allenthalben. Aber Homers Name sei noch jung und unbekannt, an Propaganda werde zwar alles Erdenkliche geschehen, doch dergleichen sei sehr kostspielig, kurz er nast ihm als 'Entschädigung und Kostenbeitrag' den pramnischen Käse ab, den ein Bauer dem Dichter geschenkt, mäkelt dann noch an dem Käse und verschwindet auf Nimmerwiedersehen. Lykophron war – der erste Verleger.

*Sechzehntes Bild*
5. *Skyros.* Die Skyrioten feiern die Hochzeit des Peliden Neoptolemos mit Helenas und Menelaus' Tochter Hermione. Der Sänger Achills wird vom nichtbesungenen, trunkenen Pyrrhus mit Hunden fortgehetzt.

*Siebzehntes Bild*
6. *Salamis.* Homer kommt hier gerade zurecht, um einer zu Ehren des dicken Aias und des HEILIGEN Teukros abgehaltenen Prozession als Zuschauer beiwohnen zu können. Da der Kurzsichtige vor den Priestern die Perücke nicht abnimmt, wird er unter Pöbelgeheul von der Insel verjagt.

*Achtzehntes Bild*
7. *Athen.* Als Homer vom Prytaneion ausgespeist zu werden verlangt, beantragt Platon, der Sohn des Kaßner, den Rhapsoden, da der in seinen übrigens hypermodernen Gesängen Athen zu wenig genannt und auch sonst darin zu sehr der Geilheit gefröhnt, unzüchtige Vereinigungen des Zeus mit der Hera, des Ares mit der Aphrodite geschildert habe, durch das Scherbengericht aus Athen zu verbannen. Geschieht.

*Neunzehntes Bild*
*8. Jos.* Halb erblindet und auf Vieren wankend, hier und da von mitleidigen Schiffern aufgenommen, irrt Homer von Stadt zu Stadt, von Insel zu Insel. Keine Bürgerschaft will ihn ernähren, er wird immer wieder als lästiger Ausländer abgeschoben, die Stadtväter jeglicher Gemeinde verwahren sich energisch dagegen, daß dieser krüppelhafte Kerl ihrer Polis entsprossen sei. Am Strande von Jos ruht er endlich erschöpft aus. Fischerknaben, leere Netze auf den Schultern, steigen aus Booten und necken ihn. Geben ihm ein Rätsel auf:

| |
|---|
| *«Was wir gefangen haben, ließen wir zurück.<br>Was wir nicht gefangen haben, tragen wir bei uns.»* |

Homer sinnt verzweifelt, kann die Lösung nicht finden. Ein Lykophron ähnlicher Knabe, der Sohn des Lykophron, klärt ihn auf: da sie keine Fische zu fangen vermochten, hätten sie sich am Strande die Läuse gesucht, die gefangenen getötet, die nichtgefangenen unfreiwillig nach Hause mitgenommen ... Die Lausbuben ziehen ab. Homer schüttelt klagend das Haupt; vor Gram darüber, daß er, nun auch geistig gealtert, das einfache Rätsel der Jungen nicht hatte lösen können, stürzt er sich von den Klippen ins Meer.

*Zwanzigstes Bild*
Das arme Grab Homers auf Jos. Inschrift: « Hier deckt die Erde das heilige Haupt Homers, der in seinen Liedern die Helden besang.»

*Einundzwanzigstes Bild*
Zeigt den Bauch des Regierungsrats Professor Methusalem Leichenstil, der, um schneller zu avancieren, sich

allen bildlichen Schmuck des achilleischen Schilds auf den Bauch tätowieren ließ.

*Zweiundzwanzigstes Bild*

Unterrichtsstunde bei Prof. Leichenstil. Neben dem Katheder steht, Lykophron und, dessen das Rätsel erklärendem Sohne sehr ähnlich sehend, der Primus Eugen Pelideles. Schnattert: «Sieben Städte stritten sich um die Ehre, Homer geboren zu haben: Smyrna, Rhodos, Kolophon, Salamis, Chios, Skyros, Athenai.»

Da wogt das Meer gegen das Kathederpodium, auf den Wogen daher treibt der Leichnam Homers. Wie der Blick seiner toten Augen auf Pelideles fällt, beginnen seine Wunden zu bluten ... und über alles und alle stürzt das Wasser der Zeit.

*OTTO PICK*

# FLORIANS GLÜCKLICHE ZEIT

Florian, ein junger Flurhüter, liegt am Feldrain und blickt behaglich zum Himmel empor. Von Zeit zu Zeit zwingt ihn sein Amt, aufzustehen und Buben, die Obst stehlen, nachzujagen. Es gelingt ihm, einen zu fangen. Er schleppt ihn herbei, der Junge jammert und will aus seinem Jäckchen schlüpfen, um zu entfliehen. Seine Kameraden haben sich im Getreide versteckt und bewerfen den Flurhüter mit Steinen. Da naht ein Auto. Die Insassen lassen stoppen. Der Schloßherr und seine schöne Tochter mit Gästen aus der Stadt nähern sich. Der Graf lobt Florian wegen seiner Wachsamkeit, befiehlt ihm aber, den Jungen freizugeben, nachdem seine Tochter ihn und auch den Flurhüter bittend angeblickt hat. Die Komtesse fragt, ob Florian beim morgigen Dorffeste mit ihr tanzen wolle. Das Auto rast davon. Florian liegt im Grase und gibt sich glücklichem Träumen hin. Die Feldarbeiter, die von der Arbeit kehren, gewahrt er kaum. Sie hänseln ihn und schließlich rafft er sich auf und läuft ins Dorf zurück.
Er begibt sich zu Brigitte, einer hübschen Kuhmagd, die er liebt. Während sie melkend unter einer Kuh sitzt – die untergehende Sonne strahlt rötlich durch die Stall-Luke

herein – berichtet ihr Florian seine Begegnung. Aber als er zärtlich werden will, wehrt Brigitte ab und sagt: «Geh nur zum Schloßfräulein!» Er fühlt sich gekränkt und geht ins Wirtshaus. Dort sitzt der Chauffeur des Grafen und spielt den Kavalier. Als er Florian nach der schönen Brigitte fragt, erhebt sich der Flurhüter und erklärt mit eingebildeten Gebärden: «Was geht die mich an?»
Auf dem Heimweg vom Wirtshaus treibt es Florian vor Brigittens Fenster. Er klettert auf einer Leiter empor. Da springt aus dem Garten der Chauffeur, der ihm gefolgt war und beleuchtet ihn mit einer elektrischen Taschenlaterne. Florian enteilt fluchend.
Am folgenden Tage, einem Sonntag, findet das große Fest im Dorfe statt. Im Freien sind Buden aufgeschlagen, die Dorfbewohner in bunten ländlichen Trachten drängen sich, bunte kleine Luftballone steigen auf. Das Auto des Schloßherrn naht von der Kirche her. Der Graf wird ehrfurchtsvoll begrüßt und besichtigt die Buden, wo er einiges kauft. Schließlich nähert er sich der Schießbude, wo Florian und der Förster die Gewehre laden. Die Komtesse und die städtischen Gäste wollen schießen. Florian darf der Komtesse behilflich sein. Er erklärt ihr die Ziele und Preise. Sie stellt sich ungeschickt, um ihm Gelegenheit zu geben, sie zu belehren. Er berührt ihren Arm. Sie lächelt ihm zu. Der Chauffeur sieht es und beschließt, Florian einen Streich zu spielen.
Es werden ländliche Tänze aufgeführt. Die Herrschaften beteiligen sich am Tanz. Florian darf mit der Komtesse tanzen. Der Chauffeur nähert sich Brigitte, tanzt mit ihr und verrät ihr Florians Untreue. Er redet dringlich auf sie ein. Die Herrschaften begeben sich zu Fuß nach Hause. Florian steht benommen da. Dann blickt er sich nach Brigitte um, sieht sie mit dem Chauffeur auf einer Bank im Gespräch, eilt hin, stellt sie zur Rede, sie weist ihn kühl ab, der Chauffeur steht auf, beide geraten in Streit, Florian stürzt sich auf den Chauffeur, der ihm ausweicht, so daß Florian im Fallen sich die Stirne verletzt. Große Aufre-

gung, Brigitte verbindet Florians Wunde. Die Herrschaften nahen. Die Komtesse erschrickt, als sie Florian bluten sieht. Als sie Brigitte erblickt, wendet sie sich unmutig ab. Der Graf droht dem Chauffeur, den er für betrunken hält, und drückt dem Flurhüter Schmerzensgeld in die Hand. Die Herrschaften fahren heim. Florian erholt sich, gewahrt das Geld und wirft es einem Hausierer hin, der ihm seine Ware, Bänder und Schleifen, für die bestürzt bei ihm kniende Brigitte anbietet. Der Hausierer revanchiert sich mit einem Lotterielos, das Florian spöttisch lachend einsteckt. Brigitte ist zärtlich um ihn bemüht. Er wird weich, und als sie ihm den Sachverhalt aufklärt, versöhnt er sich mit ihr, und sie beschließen, bald zu heiraten.
Florian lebt wie früher weiter, starrt in die Wolken und träumt. Eines Tages, es ist schon Herbst, naht ein Auto. Der Hausierer sitzt darin und schwenkt eine Ziehungsliste. Florians Los hat den Haupttreffer gewonnen. Freude, Ungläubigkeit. Im Triumph fahren beide ins Dorf. Das erste ist, daß Florian dem Hausierer das Auto abkaufen will; da es gemietet ist, geht dies nicht. Der Hausierer klärt Florian auf, daß er ja in die Stadt fahren müsse, um das gewonnene Geld abzuheben. Florian stürmt zu Brigitte, will sie gleich in die Stadt mitnehmen, sie glaubt ihm nicht, er verspricht sie später abzuholen und verabschiedet sich von allen Dorfbewohnern. Im Schlosse wird er nicht empfangen, weil Besuch da ist.
In der Stadt: Florian hat seinen Treffer behoben. Der Hausierer hat ihm Geld abgelockt und ihn in die Freuden der Großstadt eingeweiht. Der einstige Flurhüter spielt den großen Herrn und ist ständiger Gast in allen Nachtlokalen, wo er durch seine Freigebigkeit und Unbeholfenheit auffällt. Er besitzt ein Auto mit einem Neger als Chauffeur und wohnt in einem Hause am Quai. Seine Diener engagiert er unter der Schar von Speichelleckern, die sich ihm in den Nachtlokalen nähern. Sie begleiten ihn überall hin und leisten ihm Gesellschaft. Man sieht ihn im Theater in einer Loge allein sitzen, während seine Kumpane in Livreen den

ganzen Rang besetzt halten. Der Hausierer taucht von Zeit zu Zeit auf, um ihm eine neue Wohnungsausstattung vorzuschlagen und die früheren Möbel einfach fortschaffen zu lassen. Der Hausierer ist durch die Ausbeutung Florians vermögend geworden und vermehrt sein Geld durch Wuchergeschäfte. Er versucht, Florian in die Gesellschaft junger Lebemänner einzuführen, um seine Kapitalskraft durch die Zurschaustellung der Freundschaft des reichen Florian in erhöhtem Maße zu beweisen. Aber Florian fühlt sich unter diesen Leuten, die ihn beim Spiel aussäckeln und sich offen über seine Ungewandtheit lustig machen, nicht wohl. Er meidet jede Gesellschaft. Umgeben von seiner Dienerschar genießt er sein Leben.
Einmal sieht er bei einem Schauflug die schöne Komtesse in einer Nachbarloge. Sie erkennt ihn in seinem grotesken, von unfähigen Schneidern, die seine Diener-Kumpane ihm zugeführt haben, angefertigten und schlechtsitzenden Gewand nicht. Er möchte ihr imponieren, schickt den Hausierer zu dem Piloten mit dem Auftrag, ihm das Luftschiff abzukaufen. Nach kurzem Feilschen kommt das Fahrzeug gegen eine Riesensumme in Florians Besitz. Er begibt sich hin und will allein auffliegen. Man belehrt ihn, daß dies unmöglich sei. Da befiehlt er einem seiner Diener, mit dem Luftschiffer aufzusteigen, nachdem vorher dem verwunderten Publikum verkündet worden ist, daß der reiche Florian das Fahrzeug erworben und den Luftschiffer in seine Dienste genommen habe.
In der Loge, wo sich die Herrschaften aus Florians Heimat befinden, hat man ihn inzwischen erkannt, und als er Anstalten macht, sich mit verliebten Gesten der Komtesse zu nähern, entfernt sich die ganze Gesellschaft. Florian begreift nicht, und in seiner Verblüffung, die bald in Unmut umschlägt, läßt er das Fahrzeug nach der Landung verbrennen.
Am nächsten Morgen bringt ein Diener des Schloßherrn Florian die schriftliche Warnung vor jedem Annäherungsversuch und die Ermahnung, seine Verschwendungssucht

zu mäßigen. Florian wütet und zitiert den ehemaligen Hausierer, der ihm zum Troste die begehrteste Kurtisane der Stadt zuführt. Sie wird Florians Maitresse und beutet ihn in jeder Weise aus, betrügt ihn mit der gesamten Dienerschaft und verweigert sich nur dem Hausierer, der sie schließlich dadurch gewinnt, daß er ihr das gesamte restliche Vermögen Florians verschafft und mit ihr zusammen durchbrennt.

Eines Nachts kommt Florian heim und sieht, daß alles verloren ist: Weib und Geld. Nur in seiner Brieftasche entdeckt er noch eine beträchtliche Summe. Er wütet und rast durch alle Zimmer, die ihm halbleer entgegengähnen, denn der Hausierer hat wieder einmal eine neue Einrichtung bestellt. Die Schränke aber sind ausgeleert, die Diener wissen von nichts, da sie die Nacht mit Florian durchgebummelt haben. Er schickt um den Hausierer und bricht, als er die ganze Wahrheit erfährt, vernichtet zusammen. Als er aus der Ohnmacht erwacht, zeigt ihm das Kaminfeuer zum erstenmal das Bild Brigittens und die heimatlichen Auen. Ihn überkommt eine Sehnsucht, allen Prunk von sich zu tun und heimzukehren. Auch das restliche Geld will er nicht behalten. Er ruft die Dienerschar herbei und läßt zum Abend ein glanzvolles Festessen anrichten.

Am Abend: Die Tafel ist wunderbar gedeckt, Florian erteilt noch Befehle, alles ist in Aufregung. Als die neunte Stunde schlägt, ist alles bereit, die Diener stehn hinter den Stühlen, doch niemand erscheint. Florian greift sich an den Kopf: er hat nicht bedacht, daß man zu einem Festmahl doch jemanden einladen muß ... Kurz entschlossen läßt er die grinsenden Diener sich an die Tafel setzen, allerdings müssen sie sich selbst bedienen, Speisen auftragen usw.

Florian verschwindet für einen Moment und erscheint dann in seiner schlichten Kleidung, in der er zur Stadt gekommen war.

Er teilt den staunenden Kumpanen in einer Rede mit, wie

die Dinge stehn: Daß er keinen Pfennig mehr besitze und wiederum ihresgleichen geworden sei: «So wollen wir noch einmal lustig sein, morgen ist alles wieder wie einst!» Die enttäuschten Gesellen aber glauben, daß er nur Spaß mache, zechen fleißig weiter und schließlich schlafen alle betrunken ein. Da erhebt sich Florian, schreitet durch den wüsten Haufen hindurch und wandert in die Heimat zurück.
Wir sehen ihn bei Sonnenuntergang am Feldrain sitzen, erschöpft und doch hoffnungsvoll, da er an Brigitte denkt. Da nähert sich ein leeres Auto. Es fährt langsam. Er erkennt den gräflichen Chauffeur und, dicht an ihn geschmiegt, Brigitte.
Florian sinkt weinend um.

*LUDWIG RUBINER*

# DER AUFSTAND

*Pantomime für das Kino*

PERSONEN:

*Der Reiche, hoher, alter Mann*
*Der Sohn des Reichen, junger Mensch*
*Die Geliebte des Reichen*
*Der Bucklige, sehr beweglich*
*Der Offizier*
*Der alte Diener*
*Zwei Soldaten*
*Vier Streikende*
*Kammerfrauen, Diener, Gäste, Militär, Volk. Angetrunkene Männer, die nachts durch die Straßen gehen. Straßenmädchen, Bettler, Zerlumpte, Krüppel, Apachen.*

## I.

*Die Auflehnung*

1. Der Streik. Vor der Fabrik des Reichen. Frauen, Kinder, Bettler vor den Toren. Arbeiter kommen in langem Zug. Man hindert sie, in die Fabrik einzutreten. Bitten. Drohungen. Einige dringen trotzdem durch das Gewühl in die

Fabrik. Der Zug der Arbeiter mit einer Fahne ‚Streik' durch die Straßen.

2. Der Reiche bewohnt ein großes Schloß. Vom Schloß eine breite Treppe, die hinab in den Park führt; oben am Ende der Treppe eine Terrasse. Schloß und Park sind von einer Mauer umgeben, die ein großes Gittertor hat. Durch die Gitterstäbe sieht man die Stadt.

Die Masse der Streikenden, geführt von dem Buckligen, erscheint hinter dem Gittertor. Ein alter Diener, erschreckt, verhandelt mit ihnen. Er läuft ins Schloß, um den Reichen zu fragen. Der Bucklige winkt: vier Streikende treten als Abordnung vor.

3. Das Zimmer der Geliebten im Schloß. Aus einem Fenster übersieht man Terrasse, Treppe, Park und Mauer. Die Geliebte des Reichen liegt auf vielen Kissen. Der Reiche umwirbt sie, küßt sie, bindet ihr den Schuh. Sie zieht ihn zu sich, umschlingt ihn. Sie springt auf und will spazieren fahren. Der Reiche winkt den Kammerfrauen, sie anzukleiden.

Der Sohn des Reichen tritt ein. Er liebt die Geliebte des Vaters. Die Geliebte, scheinbar unbemerkt vom Vater, gibt ihm halb versprechende Blicke. Der alte Diener kommt ängstlich und meldet die Abordnung der Streikenden. Der Reiche winkt, sie gleich heraufzuführen. Man sieht durch das Fenster die vier Streikenden mit dem Buckligen durch das Gittertor in den Park treten und über die Treppe ins Schloß kommen. Eintritt der vier Streikenden und des Buckligen ins Zimmer der Geliebten. Während der Bucklige still mit gekreuzten Armen dasteht und die Geliebte anblickt, treten die vier Streikenden vor den Reichen mit drohenden Bewegungen. Sie zeigen auf den Reichtum des Zimmers und auf ihre eigenen Lumpen. Sie erheben die Fäuste. Der Reiche tritt ihnen zornig entgegen. Er will nur mit ihrem Führer verhandeln. Der Bucklige tritt vor ihn. Der Bucklige winkt, und die vier Streikenden ziehen sich zurück und verlassen das Schloß. Der Reiche versucht, den Buckligen zu gewinnen. Es mißlingt. Der Reiche winkt dem alten Diener, der eine Geldkassette bringt. Der Reiche versucht den Buckligen mit Geld zu bestechen. Der Bucklige weist es lachend zurück, seine Macht ist viel größer. Der Sohn, hingerissen von der Sicherheit des Buckligen, stürzt auf ihn zu, drückt seine Hände und stellt sich auf seine Seite. Der Reiche reißt den Sohn zornig zurück und weist ihn zum Gehorsam. Die Geliebte stellt sich zwischen die beiden Streitenden. Der Bucklige verläßt das Schloß in höhnischem Triumph. Als er das Schloß verlassen hat, kommt vor das Gittertor der Offizier mit zwei Soldaten. Der Offizier begehrt Einlaß, er marschiert mit den zwei Soldaten durch den Park, drillt sie mit Exerzier- und Turnübungen, läßt sie auf der Treppe noch Paradeübungen machen und postiert sie auf der Terrasse. Er tänzelt ins Schloß, stellt sich den Anwesenden vor, als zum Schutze gegen den Streik abkommandiert. Durch das Fenster sieht man, wie die zwei Soldaten auf der Terrasse eine Kammerfrau an den Röcken hin und her ziehen. Die Geliebte macht den Offizier darauf aufmerksam, er stürzt wütend hinaus zu den Soldaten. Die Geliebte ist zum Ausgehen fertig und verläßt das Zimmer. Der Sohn will ihr nach. Der Vater tritt ihm entgegen.

4. Ausfahrt der Geliebten aus dem Schloß. Vorbei an der Fabrik. Streikende umringen das Auto; es fährt flüchtend davon. Fahrt nach dem Flußufer. Park am Fluß.

5. Düstere Gegend am Fluß, Gebüsch. Eine niedrige Mauer, die das Ufer zum Fluß abgrenzt. Der Bucklige tritt auf. Winkt. Aus dem Gebüsch, auf dem Weg, herauf vom Fluß über die Mauer sammeln sich schnell Zerlumpte, Krüppel, Bettler an. Sie schütten Geld aus, legen Diebessachen auf einen Haufen. Der Bucklige öffnet einen Sack, holt Waffen hervor und verteilt sie. Er stutzt und horcht in die Ferne. Durch die Büsche sieht man von weitem den Wagen der Geliebten. Der Bucklige winkt allen, die Sachen zusammenzuraffen und zu verschwinden.

6. Der Wagen der Geliebten hält an einer einsamen Stelle. Sie will allein spazieren gehen, winkt dem Diener, der

furchtsam seine Begleitung aufdrängen will, zurückzubleiben. Sie geht am Ufer entlang. Das Ufer macht eine Biegung, sie kommt zum Platz mit Gebüsch und Mauer. Der Bucklige tritt aus dem Gebüsch. Schreck, Wiedererkennen. Der Bucklige umwirbt sie; wird gebieterisch. Sie nimmt nach und nach ordinäre Bewegungen an. Zuletzt sind ihre Bewegungen eckig und gemein. Der Bucklige küßt sie, sie küßt ihn. Hinter der Flußmauer erscheinen die Köpfe der Zerlumpten, wenig hoch über dem Boden. Die Geliebte springt vor ihnen in einem brutalen Tanz. Sie reißt ihren Mantel ab.

II.

*Die Flucht*

7. Abend im Schloßhof vor der Treppe. Die hohen Fenster hell beleuchtet. Im Schloß gibt der Reiche ein Fest. Wagen fahren am Gittertor vorbei, Gäste in Masken hüpfen in den Hof, Diener führen sie herauf ins Schloß.

Der Sohn des Reichen liegt unter einem Baum, unmaskiert. Ein Diener kommt, ihn ins Schloß zu bitten. Er lehnt ab. Der Reiche tritt heraus, um den Sohn herauf zu winken. Der Sohn: Nein! – Der Reiche ins Haus. Durch die Fenster sieht man die Trinkenden und Tanzenden im Innern des Schlosses als Schatten. Der Sohn erhebt sich, droht gegen das Haus. Es ist Nacht. Er sieht auf den Himmel. Die Gebäude und Bäume verschwinden langsam. Alle Helligkeit zieht sich in einen einzigen leuchtenden Punkt zusammen. Der Sohn steht vor einem Nachthimmel, auf dem nur ein einziger Stern steht. Man sieht nur sein nach oben gewendetes Gesicht ... in der Höhe den Stern.

Unten bilden sich Formen. Die Geliebte ist in seiner Nähe. Das Schloß und der Park erscheinen wieder. Die Geliebte mit Maske ist vor ihm, winkt ihm, heraufzukommen, berührt seinen Arm. Der Sohn stürzt vor sie hin, greift nach ihr. Sie wehrt sich. Er will mit ihr fliehen. Sie weigert sich. Sie spielt mit ihm. Sie will ins Schloß zurück. Er umschlingt sie und küßt sie. Sie gibt nach. Der Sohn und die Geliebte laufen zum Gittertor und verlassen das Schloß.

8. Zerfressenes Gemäuer vor dem Haus des Buckligen. Zerlumpte schleichen in der Nacht durch die Straße, sehen sich scheu um, hüpfen ins Haus. Straßenmädchen streichen vorbei, kommen mit berauschten Männern am Arm zurück und ziehen sie ins Haus.

Der Sohn und die Geliebte kommen. Er stutzt vor dem Hause, besinnt sich. Sie zieht ihn hinein: Du mußt! – Finsterer Hof. Vor einer Kellertreppe findet sie eine kleine Laterne. Abstieg. Vor einer Eisentür springt ein zerlumpter Junge wüst auf. Sie wechselt Zeichen mit dem Jungen. Der Junge führt die beiden durch Gänge tiefer hinunter.

9. Großes Kellergewölbe im Haus des Buckligen. Man sieht in eine Flucht von kleinen Räumen und Nischen. Zerlumpte spielen an Tischen Karten. Mädchen mit Männern trinkend an der Erde auf Kissen. Die Frauen kommen aus den Nebenräumen und verschwinden mit den Männern. Der Bucklige sitzt im Hintergrund an der Wand auf einem sehr hohen, thronartigen Sessel, unbeweglich. An der Wand neben ihm eine große Fackel. Man klopft an die Außentür. [Zwischenszene: der Sohn und die Geliebte stehen mit dem Jungen außen im Gang vor der Tür.] Die Anwesenden fahren auf. Der Sohn und die Geliebte treten ein. Der Sohn bietet sich den Geschöpfen des Buckligen an: Ich gehöre jetzt zu Euch! – Von allen Seiten Krüppel, Bettler, Apachen. Die Dirnen kommen mit neuen Männern von der Straße. Wilder Tanz der Frauen mit den Krüppeln. Die Frauen reißen ihre Kleider zu Fetzen. Der Bucklige packt die Fackel, löscht sie gewaltsam und schwingt sie als Angriffssignal. Die Apachen haben Messer in den Händen und stürzen sich auf die Männer, die mit den Mädchen kamen. Sie stechen sie nieder, plündern sie aus. Die Leichen werden durch eine Falltür in der Mitte des Raumes in die Tiefe geworfen. Der Bucklige steigt vom Stuhl und setzt sich mit dem Sohn und der Geliebten an einen Tisch zum Spiel. Der Sohn verliert alles. Beim nächsten Spiel mischt

er die Karten und behält (mit grotesken Bewegungen) eine Karte ‚heimlich' zurück. Er spielt falsch. Der Bucklige entdeckt es und zieht ein Messer. Der Sohn hat einen Revolver in der Hand und schießt den Buckligen nieder. Getümmel. Die Geliebte steht neben dem Sohn mit einem Revolver. Sie siegen über die Angreifer. Der Sohn wirft den Kameraden alles Geld hin: Jetzt ich Euer Führer! – Die Geliebte wird mit einem Ruck demütig, kniet vor ihm, küßt ihm die Hand. Er packt sie roh am Hals.

10. Auf der Straße. Die Geliebte lockt einen Mann an. Der Sohn steht als Apache, zerlumpt an die Wand gedrückt und schleicht dem Paar ins Haus nach; er zieht ein Messer. Er besinnt sich plötzlich. Kann nicht; das Messer fällt hin. Dunkelheit. Der Stern erscheint über seinem Kopf [wie in der siebenten Szene]. Es wird wieder hell. Er hebt das Messer auf und stürzt entschlossen ins Haus.

III.

*Der Aufstand*

11. Im Schloßhof. Durch die Fenster das Fest im Schloß. Die Geliebte kommt allein durch das Gittertor zurück. Sieht sich um, ob niemand sie beobachte und verschwindet im Park. Maskierte Gäste kommen angeheitert die Treppe herunter. Die Geliebte erscheint wieder, festlich angekleidet, nimmt die Maske um und steigt die Treppe hinauf. Der Reiche erscheint aus dem Saal, kniet vor ihr nieder, alle Gäste huldigen ihr, in betrunkener Lustigkeit.

Vor dem Gittertor sammeln sich Bettler und Krüppel an und strecken die Hände aus. Die Gäste sind gestört; Entrüstung. Die Geliebte befiehlt dem Reichen, die Bettler mit Gewalt wegzujagen. Die Diener kommen mit Stöcken und Peitschen, stürmen aus dem Gittertor hüpfend heraus und jagen die Armen mit Schlägen fort. Ein Bettler wird von den Dienern verwundet; stürzt hin, wird vom Volk weggetragen. Der Reiche winkt indessen die Gäste herauf auf die Terrasse; sie küssen der Geliebten die Hände und das Kleid. Die Streikenden erscheinen vor dem Gittertor. Die vier Abgesandten der Streikenden treten vor und rütteln am Tor. Der Reiche, im Schloßhof, verhöhnt sie. Die vier Abgesandten drohen. Sie winken dem Volk hinter ihnen und deuten auf die Fenster im Schloß. [Zwischenszene: In der Maschinenhalle der Fabrik. Arbeiter an den Dynamos. Streikende kommen hereingestürzt und fordern, die elektrische Leitung zu unterbrechen. Ein Arbeiter geht zum riesigen Schaltbrett und dreht den großen Schalthebel zurück.]: Das elektrische Licht im Schloß erlischt. Bestürzung im Schloß. Alle Gäste kommen in den Hof. Diener bringen Fackeln.

12. In der Vorstadt. Der Sohn an der Spitze eines Bettlerhaufens rast durch die Stadt. Er klopft an die Türen, man holt die Leute heraus. Die Stadt wird aufgewiegelt. Der Zug der Aufständischen, mit Waffen, Piken, Fackeln wird immer größer, und alle springen mit schreienden Mäulern und wilden Bewegungen durch die Straßen.

13. In der Maschinenhalle. Arbeiter an den Dynamos. Der Sohn kommt mit den vier Streikenden. Die Aufständischen am Eingang zeigen den Arbeitern den Verwundeten. Die Arbeiter verlassen die Maschinen. Die Aufständischen dringen herein. Man demoliert die Maschinen.

14. Die Belagerung des Schlosses. Im Schloßhof. Der Reiche, die Geliebte, die Gäste. Die Masken tanzen. Mitten in den Tanz stürzen die entsetzten Diener. Von fern naht der Zug der Aufrührer. Das Schloßtor wird verbarrikadiert. Belagerung und Schlacht. Schüsse. Die Aufständischen siegen. Sie klettern über die Mauer, zerbrechen die Barrikaden. Im Schloßhof. Niedermetzelung der Gäste. Die Geliebte mitten unter ihnen, stößt eine Maske mit dem Messer nieder und schießt auf die anderen. Der Reiche kämpft. Der Sohn kommt von der Straße mit neuen Aufrührern. Der Reiche erkennt den Sohn und flieht. Der Sohn stürmt hinter ihm her. Die Geliebte in höchster Wildheit, wirft sich auf die Treppe. Die Aufständischen alle an ihr vorüber. Die Männer küssen sie, umschlingen sie und stür-

men dann ins Haus. Die Geliebte, einen Moment allein, richtet sich auf der Treppe auf. Der Offizier kommt eilig angetänzelt, hinter ihm verschlafen die zwei Soldaten. Der Offizier grüßt diensteifrig die Geliebte. Er versteht nichts.
Aus dem Schloß kommen Aufständische und ziehen die Geliebte umarmend ins Haus. Der Offizier begreift entsetzt, stürzt mit den zwei Soldaten davon.
Die Aufständischen kommen aus dem Haus. Das Schloß wird demoliert. Die Stadt brennt.
15. Durch die Stadt zieht Militär. An der Spitze der Reiché und der Offizier.
16. Im Haus des Buckligen. Der Sohn und die Geliebte sind allein in einer Bodenkammer. Beide mit Gewehren an den Dachluken. Das Haus ist belagert. Sie schießen auf die Straße.
17. Die Belagerung. Auf der Straße. Auf allen Dächern ist Militär. Unten versucht man, das Haustor einzurennen. Der Sohn und die Geliebte schießen von oben herunter. Das Militär legt Feuer an das Haus. Das Haus brennt. Man schießt unablässig. Soldaten werden getroffen. Der Reiche und der Offizier leiten die Belagerung.
18. Im Innern des Hauses. Das Haus brennt. Der Sohn und die Geliebte flüchten vom Boden die Treppen hinab bis ins Kellergewölbe. Sie öffnen die Falltür und lassen sich hinab. Im Raum unter der Falltür Leichen Ermordeter. Sie winden sich unter den Leichen hindurch und kommen in einen unterirdischen Gang. Der Gang. Man sieht sie schattenhaft den Gang entlang jagen. Ganz hinten am Ende des Ganges ein heller Punkt. Der Gang breitet sich aus: Man sieht den Nachthimmel mit einem einzigen Stern in der Höhe und dem Sohn allein davor [wie in der siebenten Szene des zweiten Teiles].
Ihm zu Füßen bilden sich Formen, die Geliebte ist da. Der Himmel verengert sich zum Gang, der helle Punkt (der Stern) wird größer. Es ist der Ausgang des Ganges. [Zwischenszene: der Reiche und der Offizier kommen ins Kellergewölbe, durchsuchen es, entdecken die Falltür und

steigen hinab.] Der Sohn und die Geliebte steigen durch den Ausgang herauf in die Höhe.

19. Helle Sonne über breitem, verlassenem Flußufer. Durch ein niedriges Gebüsch steigen der Sohn und die Geliebte aus dem Gang hervor. Beide erschöpft, fallen nieder. Dann wollen sie fliehen und laufen hinab zum Fluß. Aus dem Ausgang des Ganges steigen der Reiche und der Offizier und stürmen auf die Fliehenden zu. Der Sohn wirft sich dem Vater entgegen. Der Sohn ersticht im Kampf den Vater. Der Offizier schießt den Sohn nieder.

Der Offizier steht vor der Geliebten. Er legt den Revolver auf sie an. Sie umwirbt ihn. Der Offizier wird schwankend. Sie bietet ihm ihren Mund. Er küßt sie.

Aus dem Gang springen die zwei Soldaten hervor. Die Soldaten hüpfen im Angriff auf die Geliebte zu. Der Offizier befiehlt ihnen, zu salutieren. Sie stehen fassungslos stumm. Die Geliebte winkt herrschsüchtig die Soldaten rechts und links hinter sich. Sie befiehlt dem Offizier, niederzuknien. Er kniet und umfaßt sie. Die zwei Soldaten stehen bewegungslos stramm und rollen erstaunt die Augen.

*PAUL ZECH*

# DER GROSSE STREIK

1.

Draußen, wo die Schachtgerüste und Förderschächte wie Zyklopenarme in den Himmel ragen und die Schlackenhalden sich auftürmen, Berg an Berg, ist das tumultöse Geräusch merklich abgeflaut seit ein paar Tagen. Die riesigen Schlote rauchen dünn und langsam, und die schwarze, rußgeschwängerte Luft beginnt sich zu lichten. Auf den holprigen Wegen fauchen Automobile in sausender Fahrt. Fremde Gestalten, farbig gewandet und metallbespickt, stampfen im Marschtempo daher. Wie weggeblasen ist das stupide Schwarz der Fronleute mit dem gebeugten Rükken und dem charakteristisch schleppenden Gang. An den Wegkreuzungen steht es jetzt zu dreien und vieren beieinander. Heftiges Gestikulieren zersägt die Luft. Von den grauverschwommenen Kolonien kommt es in großen und kleinen Trupps daher. Kommt näher und reißt die Debatter an den Wegen mit fort in die Versammlung. Die Stadt spie neue Menschen hinaus. Immer breiter wurden die Züge. Immer dichter das Gewühl. Bergleute im sonntäglichen Habit. Den schwarzen Staub sauber aus dem Gesicht geseift. Man vernimmt fast das Zittern der Stimmbänder bei dem Austausch der vielen Meinungen. Und der Strom drängt und schiebt sich langsam der Anhöhe zu, wo das Versammlungshaus sich wie ein massiger Kasten, wie eine Arche bläht. Vor dem schmalen Eingang staut die Menge. Ein höllisches Stimmengewirr schwirrt durch die Luft und klingt im Fernen wie ein aufziehendes Gewitter. Dutzendweise schieben sie sich hinein in den bauchigen Saal. Da steht es schon gedrängt voll wie Schafe im Stall. Kopf an Kopf. Schädel in allen Formen und Dimensionen. Vierkantig breite und runde und eiovale. Schwarz, rot und blond behaart. Und dazwischen viele mit dem Bildnis des Mondes in allen Phasen. Und darunter lange röhrenförmige Hälse. Andere kürzer und stiernackig endend. Und trotz der äußeren Verschiedenheit der Physiognomien eine geschwisterliche Einträchtigkeit in den Gedankengängen. Kopf an Kopf und darüber der dicke Qualm von schlechtem Tabak und die Ausdünstungen vieler Atemzüge breitzottig wie eine Gewitterwolke lagernd. Das etwas erhöht stehende Podium gähnt noch leer. Noch eine Viertelstunde. Immer neue Gesichter drängen sich in diese entsetzliche Enge, die auf- und niederbrodelt wie Wasser im Dampfkessel. Jeden Augenblick eine Explosion heraufbeschwörend. Manchmal geht ein spöttelnder Blickschauer hinauf zur Galerie, wo die uniformierten Bewacher der Versammlung harren. Gleichgültig schauen sie auf die Menge, und all die von unten hinaufgeschnellten Pfeile prallen an ihrer ehernen Ruhe ab. Schon schrillen die Glockensignale durch den Raum. Werden schärfer und drohen. Und dann verstummt der helle Rhythmus der Geräusche, und eine feierliche Stille breitet sich aus. Gewandt und mit ernster Miene betritt der Referent das Podium. Ein lautes Hallo zerschneidet die stickige Luft, und ein paar tausend Arme springen empor. Der Redner reckt sich und steht ein paar Augenblicke mit zwinkernden Augen. Dann fängt er an zu sprechen. Er hat ein scharfes Organ. Aber er vermag es nicht bis in die letzten Reihen zu schnellen. Dort hinten sieht es so aus, als ob der Mann seinen Mund wie zum

Kauen bewege. Als wolle er all die einzelnen weit aufgerissenen Gesichter verschlingen. Nur wenn ein besonders unterstrichenes Wort sich breit macht, läßt sich hinten ein bedeutsames Knurren der Hörer vernehmen. Staat und Gesellschaft, Hunger und Polizei sind so die einzelnen Bisse. Und dann beißt er immer kräftiger zu und verheert die abgespannten Gesichter wie scharfer Hagel ein Saatfeld. Bis sich die Ermüdung sichtlich auf allen Gesichtern zeigt. Nun noch ein paar Hiebe und dann das dreimalige Hoch auf die Bewegung. Einen Augenblick schweigen sie alle, eine furchtbare Stille. Dann setzt ein toller Jubel ein. Der durchtobt wie ein Orkan den Raum. Raschelt durch die grellfarbigen Papiergirlanden und stößt sich wund an der verräucherten Decke. Geballte Fäuste zerfetzen die Luft, und die weißen Augenhäute blitzen aus den brandroten Gesichtern wie glitzernde Blätter nach einem rasch gefallenen Regen. Und es ist nur eine Stimme, die den Saal durchtobt. Ein Wille, der sie bewegt. Das Dach scheint sich zu heben und zu senken unter der Brandung der einen Stimme.

Langsam, ganz langsam leert sich der gewaltige Raum. Die jähe Kühle draußen verstopft die klappernden Mäuler. Vornübergebeugt und nachdenklich stolpern die ersten den Hügel hinab. Die Wirtshäuser unten füllen sich im Nu. Und nur wenige, meist ältere Männer, schlagen sich seitwärts in die ärmlichen Behausungen, wo der Schrei unmündiger Kinder des Ernährers harrt.

II.

Die von den streikenden Bergleuten bevölkertste Kneipe, das Gasthaus ‚zum alten Schacht‘, liegt in einer der vielen Vorstadtgassen. Ein gleichgültiger Backsteinbau. Vier große hellerleuchtete Fenster werfen ihr gelbliches Licht auf den schwarzverdreckten Straßendamm. In dem lang gestreckten Raum sitzt es Kopf an Kopf. Junge Burschen zumeist. Germanen blond und hünenhaft, Slawen und dunkelhaarige Romanen, bunt durcheinander. Dazwischen wie grelle Farbentupfen ein paar Weibsleute. Die Gesichter sehen in dem weißlichen Licht der Gasflammen seltsam gespenstisch aus. Nur die wunden Augen blitzen darin wie glühende Kohlen. Die ölgestrichnen Wände des Raumes sind mit aufdringlichen Reklameplakaten besteckt. Der Fußboden ist fleckig von Speiseresten, ausgespienem Tabak und festgetretenem Straßenschmutz. An der rechten Wandseite steht das Orchestrion. Die Luft ist seltsam schwer von den Ausdünstungen der vielen Leiber und verschaltem Bier. Die Hitze, die die Gasflammen ausstrahlen, bringt die rauchige Schwüle in vibrierende Bewegung. Dazu das Klappern der Biergläser und das Durcheinander der Stimmen. Nun wirft einer eine Nickelmünze in den Musikapparat. Ein leichtes Operettenlied gleitet dahin. Halb zaghaft setzt eine Stimme ein. Dünn und ungewiß. Einen seltsam blechernen Klang haben diese Stimmen. Die Gläser klappern unverdrossen weiter. Fleischschüsseln dampfen auf den unbedeckten Tischen. Plötzlich stimmt irgendeiner in der Ecke die Internationale an. Das fällt wie ein Funken in ausgedörrtes Gras. Dreißig, vierzig, hundert Stimmen erheben sich zugleich. Fäuste schlagen schwer auf die Tische und hämmern den Takt. Mit den Füßen trampeln sie auf. Der Boden erbebt und die Fenster klirren leise. Das ist wie ein Schlachtgesang, welcher die benebelten Sinne aufreißt und zu ekstatischer Begeisterung emporschnellt. Die Masse selbst: im Gesang die Masse auf dem Wege zu jenem fernen Lande, das sie wie ein dreimal glutendes Licht durch den Nebel der dumpfen Alltäglichkeit gewahren. Die Stimmen überschlagen sich fast. Zwei-, dreimal wird das Lied wiederholt. Bis einer nach dem andern abfällt und sich in kratzendem Husten krampft. Wild schnellen die Gläser empor und schütten ungeheure Mengen die Gurgeln hinunter. Die Kellner in den schmierigen Weißjacken überstürzen sich. Alles prostet sich zu. Man trinkt Brüderschaft und umarmt sich, bis sich mit einem Male die allgemeine Verbrüderung in das Gegenteil verwandelt. Irgendein Schimpfwort fiel. Weiß Gott, warum. An den Mitteltischen erhob es sich zuerst. Ein wüster Knäuel wälzt sich am Boden. Gläser zersplittern. Stöcke zerbrechen krachend. Tische und Stühle poltern wie Kegel durcheinander. Und im Nu balgt sich die ganze Gesellschaft. Weiß Gott, warum. Die Weiber stürmen laut kreischend dem Ausgang zu. Der vierschrötige Wirt und seine stämmigen Kellner mühen sich umsonst. Aber ehe man sich versieht, ist die Polizei da. Die macht kurzen Prozeß. Ein paar Griffe in den Haufen, und drei, vier Burschen bäumen sich an der Handkette. Zerschundene und zerbeulte Leiber richten sich auf. Taumelnd stampfen sie hinaus. In den Mündungen der Gassen pfeift der scharfe Westwind wie auf Orgelpfeifen. In der Ferne flackt ein roter Feuerschein. Die gigantische Lohe der Hochöfen. Und darüber ragt riesengroß ein Schlackenberg. Er ist schwärzer als die Nacht, und sein gewölbter Rücken trägt den halben Horizont.

III.

Es ist um die vierte Nachmittagsstunde. Dünner Regen rieselt und macht die breiten Fahrwege, die zur Schachtanlage führen, fast unpassierbar. An den verkrüppelten Bäumen und Stauden, die den Wegrand säumen, schaun ein paar voreilige Blattknospen in das silbrige Spätlicht. Da und dort kauern kalkwandige Häuser. Hinter den halbzerbrochenen Zäunen gähnen brache Gartenkleckse. Eine Amsel probt den neuen Frühlingspsalm. Aber der Rauch der massigen Schornsteine drückt schwer herab und hüllt alle Dinge wie in einen leichten Flor. Die Schachtgerüste drohen dunkel und riesengroß. Manchmal schrillt das Gebell einer Dampfsirene durch die Stille. Eine drückende Müdigkeit bleit sich in die Gedanken der Dahinschreitenden. Ein dumpfes Gefühl wie nahende Krankheit. Nur wer über ganz feine Sinne verfügt, kann die Mächte erraten, die die Luft beschweren, und die irgendwas hinausgebären,

das sich wie zu einer Schlacht rüstet. Zu einem befreienden Gewitter, das alles reinigt.
Ein paar schwarze Gestalten schieben sich den Weg herauf. Von allen Seiten tauchen sie auf. Die Hände in den Hosentaschen und die Kaffeetrit am Lederriemen über die Schulter gehangen. Die älteren, vollbärtigen Leute schwanken schweigsam daher. Die jungen Kerle aber schwatzen munter drauf los. Je näher sie der endlosen Grubenkolonie kommen, verlangsamt sich ihr Schritt. Lauernd spähen sie nach den Seiten. Schutzleute treten hinter den Häusern hervor. Die Karabiner schußbereit. Irgendwo aus einem Fenster hageln Schimpfworte. Ein Stein schlägt auf. In Gruppen stehen die feiernden Männer an den Staketen. Rauchen ihr Pfeifchen und ballen die Faust in der Tasche. Im Fremdenviertel wird es schon bedenklicher. Doppelposten schreiten auf und ab. Pferdehufe zerschlagen das Straßenpflaster. Vor den Gruben stehen die Streikenden gruppenweise. Aber Wachleute halten sie in steter Bewegung. Zischen und Heulen bricht los. Die Arbeitswilligen blicken kaum auf. Sie lassen sich durch das krächzende Geräusch der Gaffer nicht anfechten. In ihren Mienen liegt trotzdem nichts Herausforderndes. In düsterem Gleichmut schreiten sie dahin. Sie müssen doch leben. Arbeiten, um leben zu können. Heimlich mögen sie vielleicht die Fäuste ballen gleich ihren feiernden Genossen. Aber die Sorge ums tägliche Brot! Das macht sie zu Todfeinden der Brüder an den Straßenecken.
Kurz vor dem Werk staut der Zug. Ein ohrenbetäubendes Gebrüll empfängt ihn. Gendarmen preschen vor und sperren den Eingang ab. Irgendein vorwitziger Bursche stößt ein unflätiges Wort zwischen die Zähne. Der Gendarm stellt den Burschen zur Rede. Er reißt sich los und stürmt in die Menge. Schimpfworte schwirren wie Lanzen. Erregte Gesichter drängen vor und fuchteln in der Luft herum mit den langen Armen. Der Beamte reißt den Säbel empor. Kameraden kommen im Sturmschritt herbei. Ein ohrenbetäubendes Gebrüll, das nicht aus menschlichen

Kehlen zu kommen scheint, empfängt die Anstürmenden. Pflastersteine fliegen vor. Säbel und Karabiner blitzen. Laute Rufe. Schreie, die sich überschlagen. Ein Schuß fällt. Zehn, zwölf krachen hinterher. Dem vordersten Sergeanten entreißen sie den Säbel. Klirrend zerbricht er unter den Fußtritten der Menge: «Nieder mit den Bluthunden!» Aus den benachbarten Fenstern donnern Flaschen und Töpfe auf das Pflaster. Gaslaternen werden eingeworfen. Und dazwischen knarren die Karabiner. Schrillen Kommandoworte. Mehrere Schutzleute bluten an der Stirn. Hier und dort wälzt sich ein hiebgetroffener Arbeiter auf dem Boden. Knüppel zerbrechen krachend auf den Lederhelmen. Ein tolles Durcheinander.
Da jagt ein Trupp Berittener heran. Die Straße dröhnt, und im Nu ist sie gesäubert. Fern hinter den Häusern hört man noch ein Toben. Zuweilen fällt ein Schuß aus einem Dachfenster. Vier Schutzleute tragen einen Burschen in das nächste Haus. Eine Kugel sitzt ihm mitten im Schädel. Ein sechzehnjähriger Bursche.
Drüben aber im Werk rüsten sich die Arbeitswilligen zur Seilfahrt. Tief unten, wo nur das scharfe Pink, Pink der Spitzhacke tönt und die Eisenschaufel durch die losgehauenen Kohlen schurrt, mag mancher von ihnen einen Entschluß fassen. Mit zusammengebissenen Zähnen und grimmigem Lachen.

IV.

In dem Zechenviertel der Kohlenstadt, wo die Polen hausen, geht es heute seltsam ruhig zu. Die Fenster sind fest geschlossen und auf der schlechtgepflasterten Straße, die sonst von den blondstruppigen, halbzerlumpten Kindern ganz mit Beschlag belegt wird, erblickt man selten einen Menschen. Die Pfützen blinken trübselig und spiegeln den noch trübseliger dreinschauenden Himmel. Die halbwüchsigen Burschen, zumeist Kostgänger, die sonst wie Sand am Meer vor den Staketen lungern und die Ziehharmonika meterlang auseinanderziehen, halten sich in den Hinterstuben auf. Die Fuselflasche wandert von Mund zu Mund. Karten werden auf den tannenen Tisch getrumpft. In der Fensterecke hockt ein halbflügger Bengel mit verbundenem Schädel. Ein Säbel hat ihn gestern etwas unsanft gestreift. Und nun spielt dieser ‚blessierte Krieger' mit dem Revolver und läßt die entleerte Patronenkammer repetieren. Die Kameraden schielen hinüber und werfen ihm einen Spottruf zu. Drohend hebt er die Waffe. Gelächter wiehert durch die Stube. Da stürzt ein Mädchen herein. Ihre Zöpfe fliegen wirr empor. Mit einem Handtuch bedeckt sie die halbnackte Brust. Ihre Wangen sind purpurn gerötet. «Die Soldaten kommen», brüllt sie mekkernd auf: «Die Soldaten!» Die Burschen springen jach empor. Wie von Vipern gestochen. Karten und Flaschen fliegen in die Ecke. Eine seltsame Unruhe wogt durch das ganze Haus. Türen schlagen, Fenster klirren. Ein Trupp sprengt ins Freie. Rennt die Straße hinunter: Die Soldaten kommen! Wie eine schrille Sirenenstimme streicht es über die Dächer. Rüttelt hart an Fensterscheiben und gellt hinein in die ärmlichen Stuben: Heraus, ihr Männer, heraus! Soldaten kommen! Ein Schulbube, barfuß und mit bedreckten Hosen, hat es zuerst gemeldet. Und nun brüllt es wie ein Lauffeuer von Mund zu Mund. «Schlagt sie tot!» knattert es aus den Häusern. Aber draußen antwortet niemand. Der Boden dröhnt, Schritte stampfen die Straße hinauf. Eins, zwei. Eins, zwei. Alle Weiber belagern die Fenster. Schritt und Tritt. Eins, zwei. Waffen klirren. Die Kinder recken die Hälse. Nun biegt es um die Ecke. Schritt und Tritt. Die Helme blitzen. Mann an Mann. Eine endlose Mauer. Eins, zwei Kompagnien. Die Gewehre übergeschultert. Die Patronentaschen schwer herabhängend. Die bärtigen Männer hinter den Staketen raunen und flüstern: «Was sollen die?» – «Was wird geschehen?» Die Weiber keifen sich giftig und fuchteln mit den Armen herum. Ein paar kleine Mädels jubeln ahnungslos: «Mutter, die Soldaten!» Drüben in dem weit offenen

Zechentor verschwindet der letzte Krieger. Schritt und Tritt.
Auf der Straße stehen sie noch immer mit offenen Gesichtern und geballten Fäusten. Wie ein buntgefleckter Schlangenleib. Niemand ist mehr er selbst. Jeder nur die Schuppe eines Leibes, der nur einen Gedanken hat. Nur eine Frage: Was wird nun werden?

V.

Unten auf der dritten Sohle arbeitet der Bergeleve Flimp Stumpa. Sein Vater, ein eisgrauer Steiger, gehört zu den Streikleuten. Tag und Nacht hat ihn der Alte bearbeitet, sich den Streikenden anzuschließen. In seinem Innern glühte ein Funken Sympathie für die ausständigen Bergleute. Aber er mußte dem Vater einen Trotz entgegensetzen, der von andern Dingen genährt wurde. Seine Liebe zu der Tochter des Grubeninspektors war stärker als die Liebe zum Vater, die Sympathie zu den Brüdern, die der großen Sache dienten. Nun trägt er den Trotz wie eine zweischneidige Waffe.
Ein alter Hauer, der sieben unmündige Kinder oben in der Kolonie hat, tritt auf ihn zu und meldet ihm, daß er die nächste Schicht nicht mehr einfahren wird. Er kann den Fluch der Kameraden nicht länger ertragen. Lieber verhungern, als ein Angespiener sein Leben lang sein. Ein Ausgestoßener von allen Brüdern.
Flimp Stumpa nimmt heftig den Arm des Alten und sucht die schwielige Hand und drückt sie. Ein Aufschluchzen zerfetzt seinen Atem. Er fühlt die eine Hälfte der Waffe tief ins Herz gestoßen. Und die andere Hälfte nach links und rechts zucken, zu den Brüdern hin. Die in wirren Kreisen rasend, die Gesichter der Vielen zerfleischt, die aufgerissenen Gurgeln in breiten Blutstrahlen hinfallen läßt. Die Knie schnellen ihm zusammen. Über ihnen, auf ihnen tanzen verzerrte Köpfe. Seine Hände, seine Kleider trinken Blut. Absicht, Zweifel, Angst rollen gegen-

einander auf dem Schauplatz des Bewußtseins vom Gebirge der Seele herab.
Der Alte schwankt dumpfentschlossen durch den berieselten Gang und wirft die Schlägel rasend beschwingt in das Gestein.
Und der Grubeninspektor revidiert die Strecke und betritt den Lichtkreis der Flamme, die Flimp Stumpas Lampe auf den Bergkegel wirft. Harte Worte entfahren dem Munde des Inspektors. Er schmäht alle Geschehnisse über Tag und spricht von den Grubenarbeitern wie von einer wertlosen Ware. Flimp Stumpa muß Spott und Fluch über seinen Vater vernehmen, der der Anführer der Streikleute ist und den Gerichten überliefert werden soll. Und dem Sohn eines Verbrechers kann der Inspektor seine Tochter nicht geben.
Schrill zersplittert eine Lampe am Gestein. Zwei dunkle Körper ringen miteinander. Schlag gibt Schlag, daß der Berg dröhnt, mit blutenden Händen schwankt der Steiger aus dem Schacht. Flimp Stumpa windet sich in wahnsinnigen Krümmungen. Ein Wort war ihm Weg geworden. Dieses genügte, dieses befahl.

VI.

Mit der Nachtschicht fuhr Flimp Stumpa empor. Die Straßen vor der Zeche waren von den Streikenden gesäubert wie am Morgen. Das Militär stand hart in Eisen. Als Flimp Stumpa die Hintertür seines Vaterhauses betrat, fand er den Flur mit Gendarmen angefüllt. An den Händen gefesselt führte man seinen Vater hinaus. Die Mutter lag ohnmächtig auf der harten Diele. Die Brüder standen mit geballten Fäusten. Da sah ihn einer und drang mit dem Schüreisen auf ihn ein: ha, du Verräter!
Über Hecken und Zäune ging die Jagd. In einer Schlakkenmulde brach er zusammen und lag bewußtlos die ganze Nacht. Das Vorspiel eines Motivs, das Drama war, fing an. Strafend und rächend dachte er sich fort.

Mit der nächsten Schicht fuhr er wieder ein. Er sprach mit niemand und schlich sich an das Dynamitmagazin heran. Er schleppte keuchend eine Spitzhacke herbei und zertrümmerte die Tür. Und mit fiebernden Händen wühlte er in den Kisten und belud sich mit Patronen.
Unter der Verzimmerung des Förderschachtes wühlte er ein Loch und stopfte die Sprengladung hinein. Genug, um den ganzen Berg zu zerstören. Das wird das Ende sein, meins und der Streikbrecher und der Sieg der Kämpfenden und die Vergeltung des Vaters.
Mit ruhigen Händen zündete er die Lunte, und der Donner fiel in der gleichen Sekunde.
Der Berg zerbrach bis auf die dritte Sohle. Und hundert Menschenleben klebten verbrannt und in blutigen Klumpen an dem geborstnen Gestein.
Und es währte vierzehn Tage, bis sie zu der Unglücksstelle gelangten. Und es beteiligten sich alle ausständigen Arbeiter an dem Rettungswerk.
Der Grubeninspektor, der dieses Geschehnis, dessen Ursache er nicht ergründen konnte, wie ein böses Omen betrachtete, setzte bei der Verwaltung die Forderung der Arbeiter durch. Die Soldaten zogen in ihre Garnisonen, die Toten wurden begraben. Auf der Kolonie jubelte wieder die Unbekümmertheit der Kinder.

*ARNOLD HÖLLRIEGEL*

# GALEOTTO

Julia geht mit ihrem Gatten ins Kino. Sie ist bleich; ihr dicker ältlicher Gatte trägt einen Zylinder und gefällt sich. Im Vestibül läßt er sie stehen und geht zur Kasse, Julia sinkt in einen Korbsessel. Sie blickt ihm nach; sein fetter Rücken entfernt sich selbstbewußt. Ein junger Mann ist den beiden in einiger Entfernung gefolgt. Er geht an Julia vorbei und läßt ihr unauffällig einen Zettel in den Schoß fallen. Dies schreibt er ihr:
«Geliebte Julia, ich leide, weil ich Dich in der Gewalt dieses Pöbelmenschen weiß. Ich habe Dich nicht genug geliebt, um Dich vor der schmachvollen Ehe mit ihm zu bewahren. Aber ich sterbe an dieser Schuld. Wenn Du mich je geliebt hast, erhöre mich. Ich warte auf ein Zeichen von Dir. Edgar.»
Sie liest es. Er sieht von fern zu. Julias Gatte steht an der Kasse. Julia steht auf und geht zu Edgar. Er leuchtet auf. Aber sie hebt ihre rechte Hand und hält ihm stumm den Finger mit dem Ehering vor die Augen. Man sieht im vergrößerten Bilde die beiden schmerzvollen Gesichter, dazwischen den Finger mit dem Ring. Julia geht weiter, nimmt den Arm des Gatten. Edgar schreitet mit heimlich

flehenden Gebärden hinter ihr einher. Ihre Haltung weist ihn streng ab. Der Gatte spricht fröhlich in sie hinein, tätschelt sie, freut sich vor allen Vorübergehenden ihres Besitzes.

Julia und ihr Gatte setzen sich in die Mittelloge des Kinos. Edgar gibt dem Logenschließer Geld und tritt gleichfalls ein; er setzt sich hinter Julia, die erzittert, ihn aber scheinbar nicht beachtet. Die Loge liegt an der Brüstung eines Balkons. Das Bild zeigt die Loge und die weiße Projektionswand des Kinos, nicht das Parkett und die gleichgültige Menge. Nur manchmal, wenn das Schauspiel Beifall aufpeitscht, sieht man den Zwischenraum voll schattenhaft dunkler Hände und Köpfe.

Die Lampen erlöschen. Während ihr Licht sich langsam dämpft, wendet sich Julia um und sieht Edgar ernst an. Er möge gehen, er möge sie nicht durch seine Nähe quälen. Der Gatte liest das Programm und ahnt nichts. Auf der weißen Wand erscheint ein Film.

Auf einem Balkon voller Rosen sitzt ein schönes Mädchen in phantastischer Tracht. Unten steht ein junger Bursch, kostümiert wie ein Bauernbursch im Märchen und bringt ihr ein Ständchen dar. Sie schickt ihm eine Kußhand, er legt die Rechte zum Liebesschwur aufs Herz.

Julia dreht sich zu Edgar um. Sie tauschen einen Blick: «Weißt Du noch?» Der Gatte ist vom Film begeistert und applaudiert.

Auf dem Film erscheint der reiche alte Freier. Zopf, Dreispitz. Er kommt grotesk angewackelt und befiehlt dem Jungen, zu gehen. Der weigert sich. Da greift der Alte mit jeder Hand in eine Tasche seines weiten Überrocks und zieht zwei kleine Puppen heraus. Die verwandeln sich sofort in baumlange Lakaien. Die Lakaien jagen den armen, jungen Liebhaber mit Schlägen weg. Seine Freundin ist zwar entrüstet, aber sie ist doch ein Weib und interessiert sich berufsmäßig für einen Mächtigen. Der Alte gibt ihr lässige Liebessignale. Sie verbittet sich die Belästigung nicht, erwidert aber die Zeichen auch nicht.

Da greift der Alte wieder in die Tasche und zieht einen reizenden kleinen Pagen hervor. Der Page tritt zwischen die beiden riesigen Lakaien, die rechts und links unter dem Balkon stehen, hebt die Laute auf, die der junge Bursch liegen gelassen hat, kniet nieder und setzt nun für die Rechnung des Alten die Serenade fort. Der Alte hat ein Ruhebett aus seiner Tasche geholt und sich faul niedergelassen. Die Schöne beginnt nachdenklich zu lächeln.

Während dies auf der weißen Wand vorbeizieht, steht Edgar auf, beugt sich über Julia, beginnt zu flüstern. Sie zittert. Ihr Gatte merkt nichts und schmunzelt. Ein vergrößertes Bild zeigt die drei Köpfe über der Logenbrüstung. Auf Julias Schulter liegt Edgars Hand. Sie wendet sich nicht nach ihm um, aber sie hört auf sein Flüstern.

Der Film auf der Projektionswand zeigt jetzt den armen jungen Liebhaber. Er sitzt am See, kühlt seine braun und blau geschlagenen Glieder und weint. Da taucht die Nixe des Sees auf: «Warum weinst du, schöner Jüngling?» Er beichtet, sie lacht ihn aus. Sie verlangt einen Kuß von ihm. Er küßt sie bebend.

Edgar beugt sich über Julia und küßt ihren Nacken. Sie schreit leicht auf. Der Ehemann dreht sich um. Edgar bedeutet höflich: «Pardon, ich habe den Stuhl der Dame angestoßen.» Der Gatte macht patzig: «Geben Sie doch acht.»

Die Nixe bricht ein Schilfrohr ab und gibt es dem Jüngling; dann verschwindet sie lachend im Wasser.

Jetzt sieht man wieder das Haus mit dem Balkon. Der reiche Alte winkt dem Mädchen, sie möge zu ihm kommen. Sie bedeutet, es sei kein Weg da. Nun zieht er aus beiden Taschen winzige Säckchen, die sich draußen sofort in klobige Geldsäcke verwandeln. Die Säcke wirbeln von selbst davon und formen eine Treppe, die vom Balkon zu dem Ruhebett führt. Das Mädchen steht ganz erfreut auf und steigt hinab.

Julia und Edgar sehen einander in die Augen. Er zeigt auf

das Bild, sie macht ein reuevolles Gesicht und streichelt seine Wangen. Der Gatte staunt über die Tricks des Films.
Sobald das Mädchen unten ist, zieht der Alte allerlei Geschenke aus der Tasche und legt sie ihr zu Füßen. Sie steht auf dem Ruhebett und blickt nicht ungerührt auf die Geschenke und Geldsäcke. Der Alte öffnet schmatzend die Arme – aber sie fällt noch nicht hinein. Sie zeigt auf den Ringfinger; sie will geheiratet sein. Für den Alten ist das eine Kleinigkeit. Er zieht aus der rechten Westentasche Myrthenkranz und Schleier, aus der linken ein Brautbukett. Während dieser Brautstaat auf das Mädchen zuwirbelt, zieht der Alte aus seiner rechten Manteltasche einen Pfarrer, aus der linken einen Amtmann, beide mit riesigen lesbaren Trauscheinen in den Händen.
Julia und Edgar zeigen einander traurig lächelnd diese Szene.
Das Mädchen und der Alte knien, immer noch von den Lakaien flankiert, in drolliger Weise nieder. Amtmann und Pfarrer erheben segnend die Hände. Der kleine Page zupft die Laute so feierlich, daß man merkt: es ist der Hochzeitsmarsch aus dem ‚Sommernachtstraum'. Da bricht der Page plötzlich ab und läuft schreiend davon. Es kommt nämlich der junge Bursche angerannt; er schwingt das Schilfrohr der Nixe in den Händen. Die beiden Lakaien stürzen sich auf ihn, aber er berührt sie nur mit der Spitze des Schilfrohrs und sie verschwinden spurlos. Er berührt die Geldsäcke – sie verdampfen. Der Amtmann und der Pfarrer lösen sich in Luft auf. Der Alte selbst tritt dem Jungen nun entgegen und sucht ihn zu fangen; der flinke Bursch aber eilt hierhin und dorthin, fuchtelt mit dem Schilfrohr herum und trifft den Alten. Wo ihn das Rohr berührt, verschwindet ein Stück von ihm; die Perücke vom Kopf, die Zähne aus dem Mund, Rock, Hosen, Mieder, Waden. Schließlich bleibt ein tragikomisches Etwas zurück, die Karikatur einer menschlichen Ruine.
Edgar schleicht in den Hintergrund der Loge, hebt sein

kleines Spazierstöckchen und berührt unmerkbar Julias Gatten. Sie sieht es und muß furchtbar lachen. Der Gatte, der sich brüllend über den Film amüsiert, ist entzückt, daß er ihr auch gefällt und schließt sie täppisch in seine Arme. Sie windet sich vor Ekel.
Unterdessen hat der entblößte Alte unter dem tollen Gelächter des Mädchens versucht, ihr noch einmal seine Liebe zu erklären. Aber er hat ja keine Taschen mehr, seine Qualitäten sind erschöpft. Der Bursche befördert ihn mit einem Tritt hinaus, dann umarmt er sein Mädel.
Edgar und Julia küssen einander in diesem Augenblick im Hintergrund der Loge.
Auf dem Märchenfilm emanzipiert sich das Schilfrohr der Nixe, schwebt zur weißen Hauswand unter dem Balkon und schreibt in blumenumrankten Buchstaben:

«Und die Moral von der Geschicht':
Jugend paßt zu Alter nicht.
Alter wird stets ausgelacht.
Schluß der Vorstellung. Gute Nacht.»

Man sieht, wie das Publikum im Parterre aufsteht, Beifall klatscht und hinausgeht.
Unten im Foyer. Der Gatte besorgt die Garderobe. Er legt Julia den Mantel um; alle Leute müssen dabei sehen, daß sie ihm gehört. Dann wickelt er sich umständlich in seinen Kragenschoner. Sie aber ist ein wenig zur Seite getreten und kritzelt mit goldenem Stift auf das Kinoprogramm die Worte:
«Edgar, ich füge mich dem Wink des Schicksals. Nicht länger soll Jugend dem fettigen Alter gehören. Morgen um fünf an der Kranzlerecke. Galeotto war der Film und der ihn machte. Julia.»
Ihr Mann reicht ihr sehr stolz den Arm. Sie gehen durch die von zwei Portiers weitaufgerissenen Flügeltüren. Während Julia hinausgeht, streckt sie die linke Hand mit dem Brief hinter sich. Edgar nimmt den Brief und küßt recht lange die Hand.

*HEINRICH LAUTENSACK*

# ZWISCHEN HIMMEL UND ERDE

*Ein kinomatographisches Spiel in drei Akten**

MOTTO:

*Er, Erdmannsdorf, und jener Andere, Torstensson, morgen früh 70 Meter über dem Erdboden und dazu auf einer ringartigen Fläche von solch lächerlichem Ausmaß zusammengedrängt, daß der Flächeninhalt zweier zusammengestellter Diplomatenschreibtische etwas mehr betragen mußte.*

*Herrgott! ist denn das nicht der brennendste Wunsch eines jeden minder glücklichen Rivalen, seinen glücklicheren Nebenbuhler einmal für ein paar Minuten derart unter vier Augen haben zu können – Aug' in Aug' heißt das – –??*

*Nun denn, hier war eine Gelegenheit, wie sie sich schöner auf einem Eiland à la Robinson oder sonst auf einem einsam treibenden Kahn im weiten Ozean, in einem Urwald, wo er am dichtesten, einem Schacht, wo er am tiefsten, oder einem Korb eines Ballons im hohen Luftmeer ergibt!! H. L.*

* *Dieses (bereits aufgeführte) Szenarium ist Eigentum der Continental Kunstfilm GmbH.*

PERSONEN:

*Lothar von Britz, Gutsbesitzer und Fabrikinhaber*
*Inge von Britz, geschiedene Gräfin von Gleichen, dessen Tochter*
*Bodo, deren Söhnchen*
*Olaf Torstensson, Ingenieur auf dem Britzschen Werk*
*Erdmann von Erdmannsdorf, Verwalter des Britzschen Gutes*

*Die Haupthandlung ereignet sich, teils auf dem Britzschen Werk, teils auf dem Britzschen Gut, innerhalb nicht viel mehr denn sechsunddreißig Stunden.*

*Der erste Akt*

1. Der Bau des neuen Schornsteins nahezu vollendet. Arbeiter sowohl hoch oben auf der Spitze als auch unten am Fuße des Neubaues bei ihrer Arbeit. Ingenieur Torstensson kommt, ehrerbietig begrüßt und er selber leutselig wiedergrüßend; überzeugt sich kurz von dem gegenwärtigen Stand der Dinge.

2. Der Gutsverwalter legt seinem Gutsherrn Rechnung ab. Da sieht man vor allem ziemlich dicke Bücher, von denen man – offen gestanden – nichts versteht. Und über den Büchern die Köpfe dieser beiden Herren: Baron von Britz und Erdmann von Erdmannsdorf. In einem stilvollen Arbeitszimmer. Und außerdem gewahrt man dieses noch, daß der Gutsherr eben mit einer heftigen Neuralgie zu tun hat. So daß der Leidende schließlich die wohlgepflegte Hand auf die Schulter des andern legt:

«*Wir müssen aufhören! – Diese meine ewigen neuralgischen Kopfschmerzen – und dabei kein Tröpfchen Chloroform mehr im Hause!*» Die Miene des Herrn Erdmann von Erdmannsdorf drückt Teilnahme aus. Beim nächsten Abwenden seines Gesichtes aber bemerkt man, wie teuflisch-froh er ist, daß die totale Rechnungsablegung dadurch – wieder einmal! – verschoben wird ... auf wer weiß wie lange!

[Anmerkung: Durch das – geöffnete – Fenster muß man – in einiger Entfernung, auf einem gemalten Prospekt – den neuen Fabrikschornstein sehen, auf dessen Spitze noch der Galgen angebracht ist! – Der alte Schornstein, dahinter befindlich, im Gegensatz zum neuen, lichten, ungleich dunkler auf der Leinwand gehalten!]

– – – – – – – – – – – – – – – – – – – – – – – – – – – – – – – – – –

Gutsherr verabschiedet sich – apathisch schier – von seinem Gutsverwalter: Er kann es vor lauter Schmerzen kaum mehr aushalten. Gutsherr ab. Gutsverwalter klappt diabolisch die vielen Bücher zu und schmeißt sie übermütig durcheinander. Dann hört er etwas. Steht auf. Geht zur Tür. Und horcht. Das will sagen: Schämt sich nicht, zu horchen!

3. Zimmer unweit dieses Zimmers. Und eine Tür weit offen gelassen. Mit allerlei Waffen ausgestattet, Gewehrschränken und – was die Hauptsache ist – einer in einem ziemlich geräumigen Kasten an der Wand angebrachten, verschließbaren und vom Hausherrn soeben aufgeschlossenen Hausapotheke. Herr von Britz bestätigt in ungebändigter Miene und losgelassener Geste nur seine Worte von zuvor, daß für sein neuralgisches Kopfleiden kein Tröpfchen Chloroform mehr vorhanden ist. Da kommen Bodo und Inge von Britz dazu; ersterer mit großem Papierdrachen und ach! sehr gerissener Drachenschnur. Ob Großpapa nicht helfen könne? Dies die erste Frage und Begehr. Dann erst Begrüßung, Erzählen und Erkundigen von seiten Inges.

4. Arbeitszimmer von Bild 2. Erdmannsdorf lauschend noch einmal gezeigt – und wie auf seinem Gesicht der Entschluß entsteht: «Ich geh hinüber, denn man kann der Frau, die man doch noch erringen will [brutal-sinnlich], gar nicht oft genug begegnen.» Und der Entschluß wird zur Tat: Er geht.

5. Das Waffenzimmer von Bild 3. Erdmannsdorf hereinkommend und recht kavaliermäßig den drei Britzschen sich nähernd. Und es dabei vor allem auf Inge abgesehen habend, die aber reserviert, so wie immer ihm gegenüber, bleibt. Und noch viel weniger Glück hat er beim kleinen

Bodo, der seine Abneigung gar unverhüllt zeigt. Da aber kommt noch etwer. *Ingenieur Torstensson meldet, daß der neue Fabrikschornstein fertig sei.* Torstensson – im Reitdreß – tritt ein. Begrüßt. Meldet. Alle sehen zum Fenster hinaus.
6. Alle die fünf auf dem Weg vom Gute nach der Fabrik hinüber. Man sieht sie etwa eine Terrasse herabkommen. Stallbursche mit gesatteltem Pferd!
7. Irgendwie schönes Gartenmotiv. Herr von Britz und Erdmannsdorf kommen als erste – groß! nah! – am Aufnahmeapparat vorüber. Herr von Britz wendet sich, stehenbleibend, zum Ingenieur zurück, der mit Inge und Bodo nachfolgt. «*Sie reiten heute noch nach der Kreisstadt, lieber Torstensson? – Da bringen Sie bitte mir doch Chloroform und dem Jungen eine Drachenschnur mit!*»
Ingenieur bejaht die Frage des Herrn von Britz, der sogleich in allen Taschen nach seinem Chloroformrezept sucht, es schließlich findet und Torstensson übergibt [und zwar den Fetzen Papier wie einen rechten Schatz übergibt]! Darauf springt Bodo bittend am Ingenieur empor und Inge, die den Drachen und die Schnur trägt, bittet nun ebenfalls um die kleine Liebe, neue Drachenschnur mitzubringen. Alle gehen weiter. Ihnen folgt der Stallbursche mit Reitpferd.
8. Der neue Schornstein ... aus nicht allzu weiter Entfernung mehr. Aber diese Aufnahme muß wirken, als ob unsere Hauptpersonen bereits am Apparat vorübergegangen wären ... und man sieht nur noch das gesattelte Reitpferd mitsamt Stallburschen.
9. Am Fuße des neuen Schornsteins. Und hier erst sehen wir unsere fünf Personen wieder. Und Torstensson erklärt – erstens einmal – den Neubau im allgemeinen und – zweitens – die [ganz nah aufzunehmende] große Welle, mittels welcher das Drahtseil hinauf zur Spitze in Funktion gesetzt wird, im besonderen. Dieser Erklärung aufmerksam folgend (während zwei, drei Arbeiter auf ein Zeichen Torstenssons die Welle zu drehen beginnen), sehen die Herrschaften alle miteinander sehr in die Höhe. *Der Ele-*

*vator bleibt noch bis morgen früh, da Ingenieur Torstensson – sogleich nach seiner Rückkehr aus der Kreisstadt – zur Schornsteinspitze hinauffahren will.*
Und da – und man muß die Sorge Inges um den heimlich geliebten Mann merken! – und da sieht die geschiedene Gräfin von Gleichen erst noch einmal schwindlig in die schwindelnde Höhe und frägt dann, auf welche Art und Weise der Ingenieur denn an diesem bloßen dünnen Seil hinaufgelangen wolle.
Und da benimmt sich der gute Torstensson natürlich äußerst zuvorkommend und holt das bewußte einfache Förder-Trittbrett herbei, befestigt's am untern Ende des Seiles und tritt mit beiden Füßen hinein und hält sich in der Höhe seines Kragenknopfs mit beiden Händen am Seil fest, nickt den Bedienungsarbeitern an der Welle ein Zeichen zu und fängt auch bereits an, in die Höhe gehoben zu werden ...
Aber da erfaßt Inge ein tödlicher Schreck und sie schreit einfach laut auf! So daß ihr noch mehr erschrockener Papa sie in seinen Armen auffangen muß und die Arbeiter an der Welle von selber innehalten und Torstensson – der an dieses Glück gar nicht zu glauben vermag! – aus der bereits erreichten Höhe herunterspringt ... Und aber was Erdmann von Erdmannsdorf in diesem Augenblick fühlt – dieses Übermaß an Enttäuschung in seinen Hoffnungen, an unwillkürlicher Wut und Haß auf seinen glücklicheren Rivalen – das müssen wir sehr genau auf seinem Gesichte gewahren.
Übrigens der erste, der sich gleich darauf ganz wieder in der Gewalt hat, ist der nämliche Herr Erdmann von Erdmannsdorf. Und da er der Frau, die er ja trotz alledem doch noch zu erringen hofft, zumindest ebenso imponieren will, wie dieser Ingenieur Torstensson, frägt er nun, ein wenig malitiös lächelnd, drauf los:
«*Sie haben wohl nichts dagegen, lieber Torstensson, wenn ich morgen früh – sogleich nach Ihrer Rückkehr aus der Kreisstadt – ein wenig mit Ihnen da hinaufgondele?!*» Der gute Olaf Tors-

tensson kann absolut nichts dagegen haben. Nur aus den Augen (den beredten) Inges sprichts wieder. Daß sie dagegen – instinktiv – noch viel mehr hat, als wenn Olaf alleine hinauffährt. Aber da verabschiedet sich der Ingenieur bereits von den Anwesenden.

10. Als er schon aufgesessen ist, wird er nochmals an seine Kommissionen erinnert. Und dann reitet er fort.

11. Und an einer recht malerischen Stelle – die beiden Schornsteine im Hintergrund – hält er an und sieht – träumerisch – noch einmal zurück. Dann aber weiter.

12. Schöne Stelle irgendwo. Vielleicht am See. Erdmannsdorf steht da und wartet. Tut, als ob er in den Anblick der Landschaft versunken wäre. Und er soll nicht vergeblich geharrt haben – denn da kommt Inge. Vielleicht im Kahn. Er grüßt; spricht mit ihr. Sie verhält sich abweisend. Da arbeitet's in seinem Gesicht gar sehr und – *Herr Erdmannsdorf bringt infame Verdächtigungen vor: Warum Herr Olaf wohl mit einer solchen Regelmäßigkeit in die so weit entfernte Kreisstadt ritte usw.*

Aber da erhält er eine Abfuhr, wie sie schlimmer nicht ausfallen könnte. Und jeder andere wüßte aus den Mienen Inges nur noch das Eine zu lesen, daß er endgültig bei ihr ausgespielt habe. Nicht so Erdmannsdorf. Denn der wagt nun um so mehr eine regelrechte Liebeserklärung: «Und wenn Du hundertmal zu dem andern hinneigst – ich liebe Dich! hörst Du? (und er reißt sie an sich und sie kann sich nur mit Mühe befreien) und ich krieg dich entweder doch noch oder – oder ich sorge zum mindesten dafür, daß der andere dich auch nicht kriegt!» Man erkennt diese Drohung aus der Angst der zurückbleibenden Inge.

13. Und in dieser ihrer Angst schleicht sie Erdmannsdorf nach. – Aber nur irgendwie eine Ecke gar groß aufgenommen mit Inge – und Erdmannsdorf selber gar nicht!

14. Erdmannsdorf, von Inge aus der Ferne beobachtet, spricht mit den Arbeitern, die den Aufzug auf den Schornstein zu bedienen haben und soeben Feierabend machen und weggehen wollen.

15. Erdmannsdorf fährt zur Schornsteinspitze hinauf. – Muß sehr abendliche Stimmung hier sein.
16. Erdmannsdorf, an der Spitze des Schornsteins anlangend. Die Umrisse der Schornsteinmauer – Erdmannsdorfs Gestalt – der Galgen ... all die drei als schattenhafte Silhouetten. Und durchaus gespensterhaft nähert sich die Erdmannsdorfsche Gestalt dem Galgen.
17. Das Innere des Schornsteins. Erdmannsdorf, an den an der Innenwand angebrachten Steigeisen herabsteigend. Daraus, daß noch etwas Licht von oben hereinfällt, mag man entnehmen, daß dieses etwa in vier Fünftel Schornsteinhöhe ist. Und außerdem ist noch diese besondere Praktik ganz deutlich zu sehen: wie Erdmannsdorf die Steigeisen, die er bereits passierte, durchfeilt oder durchsägt und infam zerstört und entfernt. Eins nach dem andern!
18. Inge kommt, immer noch von tausend Ängsten gejagt, in ihrem Zimmer an. Und ringt ihrer Liebe ein Geständnis ab, ihrer fraulichen Zurückhaltung einen Brief ...
19. Inge kommt, den Brief in der Hand, so spät noch zu ihrem Vater, der bei der Lampe sitzt, leidend wie immer. Und Inge erzählt, dabei auf den Brief deutend: «*Ich liebe Olaf! Die Angst um ihn hat mir das Geständnis erpreßt! ... Ich warne übrigens auch dich, Papa, vor diesem Erdmannsdorf! ...*» – Vater: Besorgtes Spiel ...
20. Erdmannsdorfs Kopf – ebenfalls bei einer Lampe – riesengroß. [Man sieht nur Kopf und Lampe.] Sein Entschluß steht fest.

*Der zweite Akt*

21. Am anderen Morgen. Erdmannsdorf. Bei ihm ist keine Ernüchterung eingetreten während der Nacht. Sein Entschluß steht im Gegenteil fester denn je.
Wir sehen ihn beim Anziehn ... und wie er eine Browningpistole mit reichlich Patronen einsteckt.
22. *Der Gutsherr hat die Nacht, da er ja doch nicht schlafen*

*konnte, mit der Revision der von Erdmannsdorf geführten Bücher verbracht.* Zimmer von Bild 2. Von Britz ist eben fertig geworden und schlägt nun mit der Faust mehrere Male auf den Tisch. – Wie recht Inge doch hatte mit ihrem Mißtrauen gegen Erdmannsdorf! – Aber er ... er wird's dem Kerl schon zeigen ...

23. Die bange Inge. Ebenfalls bei der Morgentoilette. Und man sieht auf ihrem Gesicht noch ihre nächtlichen Träume. Der kleine Bodo kommt am Schluß dazu, der nur an die Drachenschnur denkt ...

24. Der Reiter – Olaf – aus der Stadt zurückkommend. Erdmannsdorf erwartet ihn bereits vor dem kleinen netten Hause, darin Olaf wohnt. Stallbursche nimmt ihm das Pferd ab und übergibt ihm – und vergaß es beinah! – Inges Brief. Olaf liest:

«*Wenn Sie nur das leiseste Gefühl für mich übrig haben – die Angst um Sie erpreßt mir das Geständnis! –, dann fahren Sie – ein liebendes Weib bittet Sie, beschwört Sie!! – nicht mit Erdmannsdorf hinauf –*»

... Kampf: Er muß Inge, der geliebten Frau, gehorchen und darf also nicht hinauf auf den Schornstein. Droht ihm da oben wirklich eine Gefahr? Und ist er der Mann, eine solche zu scheuen? Solche Fragen dürfen weiter gar nicht aufkommen, sondern einfach: Die Liebe fordert! Und der Kampf ist bald ausgekämpft und die Liebe – die Liebe hat gesiegt. Und Olaf sagt dem immer noch lauernden Erdmannsdorf kurzen Bescheid.

Da aber zieht der eine gar höhnische Grimasse. Und der Kampf in Olaf beginnt von neuem: – Hier wird seine Mannesehre, das köstlichste, was er Inge – reinerhalten – mitbringen kann, in Zweifel gezogen. Und Inge selber müßte ihn später einen Feigling schimpfen, falls er diese Herausforderung ablehnen würde ... Also: er verwahrt den Brief in seiner Brusttasche und geht mit, so wie er ist und ohne sein Haus betreten zu haben. Und außerdem ist's ja auch seine Pflicht als Ingenieur, da oben hinaufzufahren und alles nachzusehen ...

25. Die beiden auf dem Weg zum Schornstein – und zwar an einer Stelle vorüberkommend, die man bereits aus dem ersten Akt kennt!
26. Am Fuße des Schornsteins – nahe der Welle, die wieder von den uns bekannten Arbeitern bedient wird.
27. Olaf und Erdmannsdorf betreten – ganz nah sichtbar – das kleine Förder-Trittbrett.
28. Die Arbeiter beim Hochziehen.
29. Die beiden Rivalen, schon etwas erhoben.
30. Arbeiter arbeiten mächtig.
31. Die Hinauffahrenden nochmals kurz zu sehen – mit den vier Männerfäusten sich in Kragenknopfhöhe festhaltend am Seil. Die Gesichter einander hart zugekehrt.
32. Die Arbeiter an der Welle – ganz nah. Inge kommt herzu: «Hat Herr Ingenieur Torstensson meinen Brief nicht erhalten?» fragt sie atemlos. Und dabei ist schon mehr Enttäuschung denn Angst in ihrem Gesicht zu lesen. Die Arbeiter wissen auf die Frage nicht zu antworten. Inge: «Oh gewiß hat er ihn erhalten, aber er schlägt meine Warnung in den Wind. Lacht vielleicht überhaupt über meine Liebeserklärung und reitet am Ende wirklich zu dunklen Zwecken so regelmäßig und immer eine ganze Nacht fortbleibend in die Kreisstadt ...» Aber nein: so schlecht darf sie von ihm nicht denken. Und die Arbeiter werken all die Zeit weiter.
33. Nun kommt Herr von Britz dazu und ... und wütet. Und droht, daß er's dem Kerl schon zeigen werde! –
34. Die Ankunft der beiden – Olaf und Erdmannsdorf da oben. Sie genießen einen Augenblick oder zwei die schöne Aussicht. Dann besichtigt der Ingenieur fachgemäß die Spitze des Neubaus. – Derweil mimisches Spiel Erdmannsdorfs.
35. Unten am Fuße des Schornsteins. Inge, die sich bereits wieder beruhigt hat: «Schließlich hat er doch Mut, mein Geliebter, und wird's mit dem Verwegenen wohl aufnehmen!» Von Hoffnung getragener Blick Inges nach oben.

36. Wieder oben auf der Spitze des Schornsteins: Gespräch, das Erdmannsdorf mit Olaf anfängt. Zuspitzung des Dialogs. Und dabei, wie sich Erdmannsdorf näher und nah bis zum Galgen hinspielt. Sodann:
«*Der Gutsverwalter verlangt, daß der Ingenieur völlig auf Inge verzichte!*» Olaf ist's, als hätte er nicht recht gehört. Dann denkt er, daß das ein Scherz sei. Aber Erdmannsdorf wiederholt allen Ernstes seine tolle Forderung. Olaf sagt Nein. Und erlaubt sich zugleich die Bemerkung, wie er – Erdmannsdorf – überhaupt zu solchem Verlangen komme. Erdmannsdorf stellt ein drittes Mal sein Ansinnen.
Da ruft und winkt Olaf den Arbeitern zu, daß er hinunterzufahren gedenke. Erdmannsdorf:
«*Sie kommen hier nicht eher hinunter, als bis Sie in den Verzicht eingewilligt haben!*» Da lacht Olaf geradeheraus. Und sagt diesem Erdmannsdorf ein für allemal Nein. Da hebt Herr Erdmannsdorf kalten Bluts (wenn auch mit etlicher Muskelanstrengung) den Aufzug aus seinem großen Haken (den er gestern abend bereits nachgesehen) und läßt es alles miteinander, Seile und Rolle, fallen – – Mit einem Schrei des Entsetzens und der Wut zugleich stürzt Olaf auf Erdmannsdorf zu, umschlingt ihn und hebt ihn hoch, als ob er ihn im nächsten Augenblick der hinabgeschmissenen Förderung nachsenden wolle –
37. Unten: Das herabstürzende Seil, das Inge übrigens auf ein Haar erschlagen hätte! –
38. Tief von unten, vom Standpunkt der vor Entsetzen weit zurückgewichenen Inge, ihres Vaters und der Arbeiter aus gesehen: Die beiden *ringenden Männer* da hoch oben!
39. Wieder oben auf der Spitze des Schornsteins: Die beiden noch ringend. Erdmannsdorf wehrt sich gegen Olaf nur so weit, daß sie nicht alle beide heruntertorkeln. Dann kommt Olaf endlich zur Besinnung und läßt von Erdmannsdorf ab. Und sieht sich als praktischer Mann lieber sogleich um, wie die Rettung am schnellsten und sichersten zu bewerkstelligen sei. (D. h. er will sich von dem

Intaktsein der Steigeisen im Schornstein-Innern überzeugen!)

Und nun, wie Olaf aus dem Schornstein-Innern wieder auftaucht:

«*Wir sind verloren!*»

Wobei übrigens Erdmannsdorf keineswegs versäumt, durch Mimik wie durch Gestik auszudrücken, daß er das ja gewollt habe. Olaf sinkt wie gebrochen auf die Schornsteinbrüstung.

40. Am Fuße des Schornsteins, wo sich währenddem noch mehr Fabrikleute angesammelt haben und nachdem man sich vom ersten kopflosen Schrecken erholt: von Britz wettert gegen eine derartige Nachlässigkeit in der Befestigung des Seiles und der Rolle im Haken am Galgen da oben ... die Arbeiter stehen ratlos. Der eben herbeieilende Polier aber, der das ja auch wissen muß, erklärt frei, daß das ganze Mißgeschick nur aus Mut- oderBöswilligkeit entstehen konnte. Und da fährt dann Inge dazwischen und schreit, daß das sicher ein verbrecherischer Anschlag von seiten des Gutsverwalters sei. Verzweiflungsszene der Frau.

41. Die beiden hoch oben auf dem Schornstein:

Erdmannsdorf, über die Brüstung hinabsehend und das Zusammenlaufen und das Zusammenberaten derer da unten beobachtend. Mit dem Gesichtsausdruck eines, der vor all denen da unten hier oben hoch als wie geborgen ist! –

42. Der Guts- und Fabrikherr, von einem Halbkreis von Arbeitern umgeben: «*Wer klettert als Erster die Steigeisen im Innern des Schornsteins hinan? – Freiwillige vor!*» Viele treten vor. Zwei, drei werden ausgewählt.

43. Im Schornstein. Die Arbeiter kommen bis zu der Stelle, wo sie nicht weiter mehr können und der Erste vor Verlegenheit an seinem Hut rückt.

44. Am Fuße des Schornsteins. Bericht der Zurückkommenden: «*In vierfünftel Höhe hören die Steigeisen auf! – Von da ab alles ruiniert und entfernt!*» Und jetzt erst malt sich der Schrecken groß hier unten.

45. Womöglich aber noch größer der Triumph Erdmannsdorfs hoch in der Höhe.

46. Wieder die beiden Männer oben. Erdmannsdorf spricht:
«*Ein Duell! Eh die da drunten uns zu Hilfe kommen können – ein Duell auf Verhungern und Verdursten! – Aber Sie haben's ja nicht anders gewollt, Herr Ingenieur!*» In demselben Augenblick faßt Olaf unwillkürlich in die Rocktasche und – er muß sein Gesicht abwenden vor Freude über die Rettung! – findet die Drachenschnur. – [Aber die Schnur selber zeigt man dem p. t. Publikum noch nicht; nur die Hoffnung Olafs auf Befreiung soll einigermaßen deutlich zum Ausdruck kommen.]

*Der dritte Akt*

47. Am Abend desselbigen Tages. Unten – ratlos alles wie zuvor. Man bringt Essen. Inge schlägt's aus. Nimmt nur zu trinken. Wobei man – an ihrer Gier – recht merken soll, welchen Durst sie all die Zeit erlitten hat.

48. «*Gegen das entsetzliche Durstgefühl soll Rauchen gut sein. Also teilen wir meine beiden – notabene letzten – Zigarren!*» Das sagt – oben auf der Spitze – Erdmannsdorf. Und tut nach seinen Worten. Olaf kämpft einen Kampf, ob er annehmen soll. Endlich siegt das Durstgefühl und er akzeptiert. Feuerzeug tritt in Aktion; man macht die ersten Züge. Dann redet Olaf, aber immer rauchend dabei. So daß es mehr nach Konversation denn nach Unterhandlung aussieht. Und dann gewahrt man, wie Erdmannsdorf selber gespannt wird. – Und dann diese Schrift: «*Ein Rettungsfaden!*» Und Olaf zieht die Drachenschnur. Zeigt sie. Steht auf (und alles fiebert an ihm). Winkt nach unten. Ruft.

49. ... Als man unten das Winken und Rufen gewahr wird – die Aufregung läßt sich denken!

50. Und wieder oben: Wie Olaf nun – fiebernd ist schon gar kein Ausdruck mehr – die Schnur herabläßt!

51. Und wieder unten: Wie das Ende der Schnur endlich!

endlich!! endlich!!! herunterlangt; – die Freude von allen.
52. Aber da – – – – und zwar wieder oben: Olaf, in seiner Gutgläubigkeit, nimmt längst an, daß diese seine ganze Praktik auch sehr im Einverständnis mit Erdmannsdorf, der ja elf Stunden Zeit zur Überlegung hatte, geschähe. Indes, kann Erdmannsdorf denn nun noch überhaupt zurück, selbst wenn er auch wollte?!
Und so hat der Verwalter dem allem mit teuflischster Miene zugeschaut, um in letzter Sekunde, nachdem die Verbindung mit der Erde bereits erreicht ist, einen umso gräßlicheren Strich durch die Rechnung zu machen: oh! er windet dem ahnungslosen Olaf das Spagatende mit einem Griff aus der Hand und läßt's fallen.
53. Unten – der Schrei des Entsetzens dann –!
54. Oben – wie die beiden auf ein Neues recht wie Kampfhähne gegeneinander stehen! D. h. wie Olaf sich nun gar nicht mehr halten kann und auf Erdmannsdorf losstürzen will. Aber da zieht Erdmannsdorf erstens einmal seinen Browning. Und zweitens ... ein Notizbuch. Reißt einen Zettel heraus. Schreibt. Und faltet das Schreiben und wirft es hinunter.
55. Unten – der Zettel wird gefunden, geöffnet, gelesen: «*Jedem Eingriff von dritter Seite in diesen unsern regulären Zweikampf begegne wirkungsvoll genug mit meinem Revolver!! – Also geht schlafen da unten; wir hier oben tun's auch!*

*Erdmann v. Erdmannsdorf.*»

56. Und es hat – wieder oben – allen Anschein, als ob der Verwalter nach diesen seinen soeben geschriebenen Worten tun wollte. Wenigstens macht er alle Anstalten dazu, sich regulär schlafen zu legen, wobei er außerdem in nicht mißzuverstehender Weise mit seinem Browning umgeht. «*Gut' Nacht!*» Und er legt sich wirklich richtig hin, ... derweil Olaf bald am Galgen lehnt und in das Dämmerige hinuntersieht, bald den Brief Inges zieht und seine Lippen auf ihre Schriftzüge preßt ...
57. Herr von Britz versucht Inge zu bewegen, schon um des Knaben willen, nach Hause zu kommen. Vergebens! –

Vielmehr richtet sich Inge sozusagen häuslich ein hier für die Nacht.

58. *Das Chloroform als Retter!*

... Das muß in den Bewegungen alles etwas schlechtweg Raubtierartiges haben: Wie Olaf, der sich zu Anfang des Bildes gleichfalls schlafend gestellt hat, späht, ob der andere schläft ... das Fläschchen zieht und sein Taschentuch mit dessen Inhalt tränkt ... und seinen Gegner dann, weniger fachgemäß als vor allem auf die Wirksamkeit bedacht, narkotisiert. Sodann, nachdem das Betäubungswerk anscheinend gelungen, kleine kurze Stricke vom Galgen löst und sie als Fesseln gebraucht. Und schließlich – aus dem eroberten Browning des schachmatt gesetzten Erdmannsdorf – einen, zwei, drei Schüsse alarmierend hoch in die Luft abfeuert.

59. Das Entsetzen derer da unten, als da oben Schüsse knallen. Denn sie können ja kaum mehr etwas sehen, so abendlich ist es.

60. Derweil reißt Olaf oben aus dem gleichfalls annektierten Notizbuch des Verwalters Seiten heraus und kritzelt sie – halbblind – voll. Und macht dann einen ganzen Papierballen aus ihnen und schlingt den in sein Taschentuch und beugt sich über die Brüstung und ruft und wirft den großen Knäuel, womöglich noch mit einem Viertelmauerstein beschwert, hinab.

61. Dieses letzte Bild wirkte gegen die untergehende Sonne hin als Silhouette. Drunten Nacht. Die Botschaft mit viel Glück sogleich gefunden. Inge: «Licht! Licht!!» Und dann lesen:

«*Habe E. in berechtigter Notwehr mit Chloroform betäubt und sodann gefesselt so gut es ging. – Morgen beim ersten Frühwind laßt bitte Drachen steigen. Olaf.*»

– Inges Triumph!

62. Und nun noch einmal oben: Olaf, der sich einfach auf die Knie wirft und dem Himmel danken zu müssen glaubt ...

63. Am andern Morgen. Unten – auf einer Wiese am Was-

ser und die ganzen Fabrikbaulichkeiten zum Hintergrund –, läßt man den Drachen steigen.
64. Und wie das Spielzeug höher steigt.
65. Und noch höher!
66. Und nun erst wieder oben: Olaf, der den Drachen fängt! – Dann, wie an die mit vieler Mühe nach oben geleitete dünne Schnur –
67. unten nun eine dickere befestigt wird.
68. Und sodann gleich, wie Olaf sich an einem verhältnismäßig dicken Seil durch das Innere des Schornsteins hinabläßt. – Nachdem er noch einen letzten entsetzten Blick auf den ... auf den entseelten und erstarrten Körper Erdmannsdorfs geworfen hat. –
69. Olafs Ankunft unten und ... Inge auf ihn zu! Olaf: – als ob er den Gebrauch der Füße verlernt hätte ... Inge umhalst ihn und küßt wieder und wieder sein ergrautes Haar. – Und Stärkungsmittel, so gereicht werden!
70. Aufstieg zweier Arbeiter, die –
71. – die, oben angelangt, einfach ihre Hüte abnehmen.
72. Schluß-Vignette. Inge und Olaf in einem schönen Segelboot ...

*FRANZ BLEI*

# KINODRAMEN

*Ein Brief*

Ich kenne die photographische Technik und ihre witzigen Möglichkeiten zu wenig, um ein Kinostück zu erfinden. Denn ein Kinostück ist nichts als eine photographische Angelegenheit, keine künstlerische. Stücke ohne Worte sind Pantomimen: photographierte Pantomimen sind schwache Surrogate. Und was diese andern gewissen Kinostücke anlangt, welche den Menschen in die sogenannten Wunder der Technik hineinphotographieren, in Autounfälle, Eisenbahnzusammenstöße, Aeroplanabstürze, zusammenbrechende Minen und was derlei mehr, so bin ich für mich persönlich mit meiner Begeisterung wohl bei der geistigen Tat des Erfinders nicht aber bei der praktizierten Erfindung selber. Mich interessieren die Menschen, die mit dem Aeroplan fahren mehr als der Aeroplan. Ich kann mich auch retrospektiv nicht für die alte Postkutsche begeistern, und der heutige Biedermeier, der das tut, erscheint mir genau so langweilig kindlich wie der Moderne, den es beglückt, daß ‚wir fliegen'. Doch wüßte ich Kinostücke vorzuschlagen; bei jenen Filmen, welche das Leben seltener Tiere darstellen, fielen sie mir ein. Man filme Lebensläufe unserer Zeit. Den Schlosser zum Beispiel, den Landarbeiter, den Kommis, den Kaufmann, den Beamten. Nicht nur, um die technische Seite seiner Tätigkeit, nicht nur, um etwa zu zeigen, wie eine Lokomotive gemacht wird oder ein Feld bestellt, nein! Ich meine die menschliche Seite, von der Geburt an, das Zimmer der Eltern, den Spielplatz, die Schule, die Lehre, die Kaserne, die Liebschaft, das Vergnügen, die politische Versammlung, die Krankheit, das Altern, und das Sterben. Ein solcher Film kostet nicht über eine Million wie dieser Blödsinn des ‚Quo Vadis', und man wird ihn sich in hundert Jahren noch mit Interesse ansehn können. Wie lebt der Mensch? Dies zu zeigen halte ich für wertvoller als die gefilmten Ausgeburten einer Phantasie, die Himmel und Hölle braucht, um sich auszudrücken und um nichts zu sagen. – Entschuldigen Sie, daß ich Ihre Einladung, ein Kinostück zu schreiben, mit diesem Vorschlag vieler Kinostücke beantworte. Ich weiß, das Kino ist ein Volksvergnügen, und das Volk will von sich selber nicht unterhalten sein, sondern von einer andern Welt als der seinen. Aber das Volk ist auch ziehbar; es könnte vielleicht doch dazu gebracht werden, sich für sich selber zu interessieren. Daß der Mensch auf sich aufmerksam werde, scheint mir in dieser Zeit der scheinbelebten Materie und ihrer Anbetung so nötig zu sein. Man filme also nicht nur wilde Völkerstämme, nicht nur Tiefseetiere, was ja gewiß sehr interessant ist, sondern man filme das Nächste, das uns so fremd ist, die Köchin, den Strizzi, den Leutnant, was vielleicht gar nicht interessant, aber voller Bedeutung ist für unser Leben.

# DIE AUTOREN DES ‚KINOBUCHS'

*Bio-Bibliographisches Verzeichnes in alphabetischer Folge*

Da fast jeder der fünfzehn Mitarbeiter des ‚Kinobuchs', als es Ende 1913 erschien, unter dreißig Jahre alt oder knapp darüber war (Ausnahmen sind nur die weiblichen Autoren und Franz Blei), liegt die Frage nahe, was danach diesen Schriftstellern geschah, und was sie später veröffentlichten. Die biographischen Daten mußten aufs knappste begrenzt werden. Es sei betont, daß die bibliographischen Angaben über jeden einzelnen Autor nur die wichtigeren oder für ihn charakteristischen Bücher aufführen.

Falls die literarische Gattung der hier verzeichneten Publikationen nicht aus dem Titel oder Untertitel selbst ersichtlich ist, gelten folgende Abkürzungen: G. = Gedichte, E. = Erzählungen, R. = Roman, D. = Drama, K. = Komödie, Hgb. = Herausgeber oder herausgegeben. Die Zahl hinter dem Titel gibt das Erscheinungsjahr des Buches an.

*Elsa Asenijeff*; keine zuverlässigen biographischen Angaben vorhanden, wahrscheinlich um 1870 im alten Österreich-Ungarn geboren, kämpfte für Emanzipation der Frau, Lebensgefährtin des um die Jahrhundertwende sehr berühmten Bildhauers, Malers und Radierers Max Klinger in Leipzig, angeblich ca. 1925 in einer sächsischen Landesirrenanstalt gestorben. – Erzählungen und Gedichte. – ‚Tagebuchblätter einer Emanzipierten', 1901; ‚Der Kuß der Maja', E. 1903; ‚Die Schwestern', E. 1904; ‚Das Hohelied an den Ungenannten, lyrischer Roman', G. 1913; ‚Aufschrei', G. 1920.

*Richard Arnold Bermann* (Pseudonym: Arnold Höllriegel); geb. 27. 4. 1883 in Wien, viele Reisen, gest. im Exil 1939 in USA. – Verfasser zahlloser Feuilletons, bes. Reiseschilderungen, gesammelt in Büchern z. B.

Hollywood Bilderbuch', 1927; ,Tausendundeine Insel', 1927; ,Zarzura, die Oase der kleinen Vögel', 1938; schrieb auch Romane: ,Das Seil', 1914; ,Das Antlitz', 1919; ,Das Urwaldschiff', 1927; ,Du sollst dir kein Bildnis machen', 1930; ,Das Mädchen von St. Helena', 1933.

*Franz Blei*; geb. 18. 1. 1871 in Wien, lebte seit 1901 in München, seit 1911 meist in Berlin, emigrierte 1933, gest. im Exil 10. 7. 1942 auf Long Island, N.Y. – Verfasser zahlreicher kulturhistorischer und biographischer Essays und Bücher; Übersetzer französischer Literatur; Herausgeber mehrerer Zeitschriften: ,Der Amethyst', ,Die Opale', ,Der Zwiebelfisch', ,Hyperion', ,Der lose Vogel', ,Summa', ,Die weißen Blätter'. – ,Die galante Zeit', 1903; ,Von amoureusen Frauen', 1906; ,Vermischte Schriften', 6 Bde., 1911–12; ,Landfahrer und Abenteurer', 1913; ,Das große Bestiarium der modernen Literatur', 1922 ff. (mehrere erweiterte Ausgaben); ,Glanz und Elend berühmter Frauen', 1927; ,Himmlische und irdische Liebe', 1928; ,Männer und Masken', 1930; ,Talleyrand', 1933; ,Zeitgenössische Bildnisse', 1940. Autobiographie: ,Erzählung eines Lebens', 1930. – Auswahl hgb. v. A. P. Gütersloh, 1960.

*Max Brod*; geb. 27. 5. 1884 in Prag, dort zuerst Staatsbeamter, dann freier Schriftsteller und Musikkritiker, bis er 1939 vor den Nazis flüchten mußte; danach in Israel, Dramaturg des Nationaltheaters Habima in Tel Aviv. Seit 1904 ungewöhnlich vielfältige und fruchtbare schriftstellerische Tätigkeit: Gedichte, Dramen, Musik, Essays, Biographie, Übersetzungen, Religionsphilosophie, besonders Romane und Erzählungen. – ,Tod den Toten', E. 1904; ,Der Weg des Verliebten', G. 1907; ,Schloß Nornepygge', R. 1908; ,Tagebuch in Versen', G. 1910; ,Jüdinnen', R. 1911; ,Arnold Beer', R. 1912; ,Die Höhe des Gefühls', G. 1912; ,Über die Schönheit häßlicher Bilder', 1913; ,Tycho Brahes Weg zu Gott', R. 1916; ,Eine Königin Esther', D. 1917; ,Heidentum, Christentum, Judentum, ein Bekenntnisbuch', 1921; ,Das Buch der Liebe', G. 1921; ,Klarissas halbes Herz', D. 1923; ,Leben mit einer Göttin', R. 1923; ,Reubeni', R. 1925; ,Die Frau, nach der man sich sehnt', R. 1927; ,Zauberreich der Liebe', R. 1928; ,Lord Byron kommt aus der Mode', D. 1929; ,Stefan Rott oder das Jahr der Entscheidung', R. 1931; ,Die Frau, die nicht enttäuscht', R. 1933; ,Annerl', R. 1937; ,Diesseits und Jenseits', 2 Bde. Philosophie, 1946; ,Galilei in Gefangenschaft', R. 1948; ,Unambo', R. 1949; ,Der Meister', R. 1951; ,Armer Cicero', R. 1955; Biographien: ,Heinrich Heine', 1934; ,Franz Kafka', 1937 ff.; Autobiographie: ,Ein streitbares Leben', 1960. Hgb. ,Arkadia, Jahrbuch für Dichtkunst', 1913. Texte der Opern von L. Janacek; J. Weinberger. Herausgeber des Gesamtwerks v. Franz Kafka. Gest. 1968.

*Albert Ehrenstein*; geb. 23. 12. 1886 in Wien, gest. im Exil 8. 4. 1950 in New York, lebte in Wien, Berlin und auf Reisen durch Europa, Afrika, Asien; seit 1933 Schweiz; seit 1941 USA. – Gedichte, Erzählungen, Essays, Übersetzungen bes. aus dem Chinesischen. – ,Tubutsch', E. 1911; ,Der Selbstmord eines Katers', E. 1912; ,Die weiße Zeit', G. 1914; ,Der

Mensch schreit', G. 1916; ,Die rote Zeit', G. 1917; ,Den ermordeten Brüdern', G. 1919; ,Briefe an Gott', 1922; ,Herbst', G. 1923; ,Ritter des Todes', E. 1926; ,Menschen und Affen', Essays 1926; ,Mein Lied, G. 1900–1931', 1931. Übersetzungen chinesischer Lyrik: ,Pe-Lo-Thien', 1923, ,China klagt', 1924; ,Po-Chü-I', 1924; ,Das gelbe Lied', 1933; chinesische Romane: ,Räuber und Soldaten', 1927; ,Mörder aus Gerechtigkeit', 1931. – Gesamtausgabe ,Gedichte und Prosa', hgb. v. Karl Otten, 1961. ,Ausgewählte Aufsätze', hgb. v. M.Y. Ben-gavriêl, 1961.

*Walter Hasenclever*; geb. 2. 7. 1890 in Aachen, starb von eigener Hand im Exil 21.6. 1940 im Lager Les Milles bei Aix-en-Provence; lebte in Leipzig, Dresden, Berlin, Paris, Italien und Südfrankreich. – Gedichte, Dramen, Essays, Romane. – ,Der Jüngling', G. 1913; ,Der Sohn', D. 1914 (das erste erfolgreich aufgeführte deutsche expressionistische Drama 1916ff.); ,Tod und Auferstehung', G. 1917; ,Antigone', D. 1917 (erhielt den Kleistpreis); ,Der Retter', D. 1917; ,Die Menschen', D. 1918; ,Die Pest, ein Film', 1920; ,Jenseits', D. 1920; ,Mord', D. 1926; ,Ein besserer Herr', K. 1926; ,Ehen werden im Himmel geschlossen', K. 1928; ,Napoleon greift ein', K. 1930; ,Münchhausen', D. 1934; ,Konflikt in Assyrien', K. 1939. Hgb. ,Emanuel Swedenborg – Himmel, Hölle, Geisterwelt', 1925. – ,Walter Hasenclever: Gedichte, Dramen, Prosa', hgb. v. Kurt Pinthus, 1963, enthält Erstveröffentlichungen des ,Münchhausen', D. und des Romans ,Die Rechtlosen'.

*Arnold Höllriegel*; (Pseudonym) s. Richard Arnold Bermann.

*Julie Jolowitz*; Bibliothekarin in Leipzig. Starb angeblich im Exil. Weiteres nicht zu ermitteln. Keine Buchpublikationen.

*Philipp Keller*; geb. 19. 12. 1891 in Aachen, lebte dort als Professor der Medizin. Verfaßte Novellen und den Roman ,Gemischte Gefühle', 1913.

*Frantisek Langer*; geb. 3. 3. 1888 in Prag, dort lebte er mit Ausnahme der beiden Weltkriege, wurde Militärarzt, von 1939–1945 im Exil in England, nach Rückkehr schließlich Generalarzt des Gesundheitdienstes in der tschechoslowakischen Armee; er starb 1965. – Seit 1910 Erzählungen und besonders Dramen, alles in tschechischer Sprache. Erfolgreich auch in deutschsprechenden Ländern die sozialkritischen Volksstücke ,Das Kamel geht durch das Nadelöhr', 1923; , Peripherie', 1915; ,Die Erwekkung des Ferdinand Pistora', 1919; ,Engel unter uns', 1931.

*Else Lasker-Schüler*; geb. 11. 2. 1869 in Elberfeld, lebte meist in Berlin, ging 1933 in die Emigration und starb 18. 1. 1945 in Israel. – Gedichte, Erzählungen, Essays. – ,Styx', G. 1902; ,Die Nächte Tinos von Bagdad', E. 1908; ,Die Wupper', Sch. 1909; ,Meine Wunder', G. 1912; ,Mein Herz, ein Liebesroman', 1912; ,Hebräische Balladen', 1913; ,Gesichte', Essays, 1913; ,Der Prinz von Theben', E. 1914; ,Gesammelte Gedichte',

1917; ‚Gesamtausgabe in 10 Bänden', 1919–1920; ‚Arthur Aronymus', E. und D., 1932; ‚Das Hebräerland', 1937; ‚Mein blaues Klavier', G. 1943. – Gesamtausgabe seit 1959, hgb. v. Friedhelm Kemp.

*Heinrich Lautensack*; geb. 15. 7. 1881 in Vilshofen, Bayern, lebte meist in München, Berlin und auf Reisen, zuerst jahrelang als Kabarettist, dann als erster Dichter, der berufsmäßig für den Film arbeitete; er verfiel 1918 in Irrsinn bei der Beerdigung Frank Wedekinds in München und starb in der Anstalt Eberswalde 10. 1. 1919. – Gedichte, Erzählungen, Dramen. – ‚Medusa, aus den Papieren eines Mönches', 1904; ‚Hahnenkampf', K. 1908; ‚Dokumente der Liebesraserei', G. 1910; ‚Die Pfarrhauskomödie', K. 1911; ‚Das Gelübde', D. 1916; ‚Frank Wedekinds Grablegung, ein Requiem', 1919; ‚Leben, Taten und Meinungen des sehr berühmten russischen Detektivs Maximow', E. 1920; ‚Totentanz', G. 1923; ‚Lena', a. d. Nachlaß hgb. v. A. R. Meyer, 1925.

*Otto Pick*; geb. 22. 5. 1886 in Prag, wo er als Redakteur der ‚Prager Presse' und in vielseitiger schriftstellerischer Tätigkeit lebte, gest. im Exil 25. 5. 1940 in London. – Gedichte, Erzählungen, Übersetzungen tschechischer Autoren. – ‚Freundliches Erleben', G. 1902; ‚Das kleine Glück', G. 1926; ‚Wenn wir uns mitten im Leben meinen', G. 1928; ‚Spielende Kinder', E. 1929; ‚Preisungen', G. 1937. – Hgb. ‚Tschechische Erzähler'; ‚Deutsche Erzähler aus der Tschechoslowakei'.

*Kurt Pinthus*; geb. 29. 4. 1886 in Erfurt, gest. 1975 in Marburg a. N., lebte zuerst in Leipzig, seit 1919 in Berlin, Lektor fortschrittlicher Verlage, Dramaturg an Max Reinhardts Bühnen. Essays, Theater-, Literatur- und Filmkritiken; emigrierte nach New York; 1941 Consultant an Library of Congress Washington D. C.; lehrte seit 1947 an der Columbia Universität in New York Theatergeschichte. – Hgb. ‚Das Kinobuch', 1914 (Neuausgabe 1963); ‚Menschheitsdämmerung; Symphonie jüngster Dichtung', 1920 (Neuausgabe als ‚Menschheitsdämmerung; ein Dokument des Expressionismus', 1959); ‚Walter Hasenclever: Gedichte, Dramen. Prosa', 1963; ‚Flegeljahre des Films', 1966.

*Ludwig Rubiner*; geb. 12. 6. 1881, lebte meist in Berlin, auch in Paris und in der Schweiz (schrieb 1919: „wünscht keine Biographie von sich"), gest. 27. 2. 1920 in Berlin. – Dichterischer Vorkämpfer des Aktivismus. – ‚Das himmlische Licht', G. 1916; ‚Der Mensch in der Mitte, Aufrufe', 1917; ‚Die Gewaltlosen', D. 1919. – Hgb. ‚Kameraden der Menschheit, Dichtungen zur Weltrevolution', 1919; ‚Die Gemeinschaft, Dokumente der geistigen Weltwende', 1919.

*Paul Zech*; geb. 19. 2. 1881 in Briesen (Westpreußen), aber (Selbstcharakteristik:) ‚Dickschädel aus bäurisch-westfälischem Blut', wuchs im Ruhrgebiet auf, arbeitete in Kohlengruben und Eisenhütten in Westdeutschland, Frankreich und Belgien, später in Berlin als Redakteur, Bibliothekar und freier Schriftsteller, emigrierte 1933 über Prag, Paris nach Südamerika, wo er 7. 9. 1946 in Buenos Aires starb. Verfaßte etwa 200 Bände (vieles blieb Manuskript): Gedichte, Romane, Erzählungen, Dramen, Essays, Biographien, Legenden, Übersetzungen französischer Dichter. Hgb. Zeitschrift und Jahrbuch ‚Das neue Pathos', 1913–1920. – ‚Schollenbruch', G. 1911; ‚Der schwarze Baal', E. 1916; ‚Helden und Heilige, Balladen aus der Zeit', 1917; ‚Der feurige Busch', G. 1919; ‚Das Grab der Welt, eine Passion wider den Krieg auf Erden', 1919; ‚Das Terzett der Sterne', G. 1920; ‚Das trunkene Schiff', D. 1924; ‚Die Geschichte einer armen Johanna', R. 1925; ‚Ich bin Du', R. 1926; ‚Rotes Herz der Erde', G. 1929; ‚Neue Balladen von den wilden Tieren', 1930; ‚Berlin im Licht', G. 1932. – ‚Neue Welt', Verse der Emigration, 1935; ‚Bäume am Rio de la Plata', G. 1936; ‚Ich suchte Schmid und fand Malva', E. 1938; ‚Die schwarze Orchidee, Indianische Legende', 1947; ‚ Die Sonette aus dem Exil', G. 1949; ‚Kinder von Parana', R. 1952; ‚Abendgesänge und Landschaft der Insel Marapampa', 1959.

## NACHBEMERKUNG ZUR TASCHENBUCHAUSGABE

Der deutsche Stummfilm und das Bild, das wir von ihm haben: das reduziert sich immer noch auf die Namen einiger Regisseure, die man an den Fingern einer Hand abzählen kann, auf ein paar Filme, die man zu Klassikern gemacht und kanonisiert hat. Aber was in der Filmgeschichte, besser: in den „Filmgeschichten" überlebt hat, das ist der deutsche Stummfilm nie gewesen. Er hat anders ausgesehen; vor allem gab es nie eine Blütezeit mit lauter filmischen Höhepunkten und Meisterwerken. In Wirklichkeit war er gleichzeitig reicher und ärmer: Ärmer, weil sicher bei weitem nicht immer auf dem künstlerischen Niveau jener „Klassiker", reicher, weil ungemein vielfältiger in Stoffen, Themen, Ausdrucksmitteln, Gattungen, auch Talenten.

Die Filmgeschichtsschreibung des frühen deutschen Films hat bisher bemerkenswert leichtsinnig und fahrlässig den Kardinalfehler der Historiker gemacht, aus knapper und schlechter Quellenkenntnis heraus zu generalisieren, pars pro toto zu nehmen, das Bild, das sie sich gemacht hat, zu verwechseln mit der Realität: Die deckt, mit jeder neu auftauchenden Kopie wird es deutlich, nicht das, was wir bis-

her meinten. Und ist die Quellenlage für die zwanziger Jahre noch relativ gut, kennen wir mittlerweile mehr Filme, wissen mehr um ihre Farben und ihre Musik – für die Zeit von den Anfängen des deutschen Films bis zum Ende des Ersten Weltkrieges ist unser Wissen beklagenswert gering; die Zahl der bekannten, zumindest der verfügbaren bekannten Filme ist so unbefriedigend wie die der schriftlichen Quellen.
Das „Kinobuch" könnte dieses Defizit ein wenig beheben. Es ist eine Sammlung, eine sehr frühe Sammlung von Stücken deutschsprachiger Autoren für den Film. Nicht über den Film; die steht noch aus als eine dringend zu erledigende und äußerst lohnende Aufgabe: Wer sonst als Schriftsteller könnte besser Auskunft geben über die normale Produktion, das normale Kino, über Kinogewohnheiten und Kinoalltag? Eine solche Sammlung bietet das „Kinobuch" nicht. Und doch ist es ein herausragender Beleg für diesen Alltag, und zwar gerade deshalb, weil es etwas anderes geworden ist oder zumindest heute beim Lesen anders wirkt, als sein Herausgeber gemeint und gewollt hat. Keineswegs haben diese Filmentwürfe dem Film neue Wege gewiesen, ihn auf bessere Ideen gebracht.
Aber was man dem Buch oft vorgeworfen hat, daß seine Verfasser nämlich das Kino als neue Kunst so wenig ernstgenommen haben wie die Kinoleute damals, die sie doch angreifen und verspotten, das kehrt sich heute um in den eigentlichen Vorteil. Von diesem Buch ist keine Veränderung ausgegangen; gerade deshalb läßt es sich heute, gegen den Strich sozusagen, als Spiegel der typischen, alltäglichen Filmpraxis benutzen, in der überraschenden Breite der Stoffe, die vom Melodram über die Groteske bis zum Sozialdrama reichen, den herzhaften Kitsch so wenig scheuend wie die satirische, oft grausame Überzeichnung. Keine Spur von Veredelung, sondern guter, alter Kintopp, von der Sorte, wie wir ihn viel zu selten sehen können, weil er nicht für aufhebenswert erachtet wurde. Im „Kinobuch" kann man ihn, wenigstens, lesen.

Und: Mindestens so wichtig wie die Filmtexte ist das Vorwort, das Kurt Pinthus 1963 der neuen Ausgabe vorangestellt hat. „Kostbar" nannte Fritz Güttinger diesen kleinen Edelstein. Es ist schon ein seltener Glücksfall, daß einer noch einmal neu herausgegeben und kommentieren kann, was er fünfzig Jahre vorher herausgegeben und kommentiert hat, daß er dann auch noch ausführlich eingehen kann auf das Konzept, auf die Entstehung und ihre Umstände, auf die Wirkung des Buches. Allein, was Pinthus über das Jahr des Erscheinens, über 1913, und seine Bedeutung für die Filmgeschichte schreibt, macht das Buch zur Pflichtlektüre. Bemerkenswert ist dabei die Distanz gegenüber dem eigenen Buch und der eigenen Leistung, die doch wirklich eine Pioniertat war. Nur gelegentlich unterlaufen auch ihm sanfte Selbstmythologisierungen wie die, er habe die erste deutschsprachige Filmkritik verfaßt. Sie sind es freilich, die dann zu den unvorsichtigen Urteilen der Historiker führen, die – siehe oben – das erste bisher Bekannte für das erste überhaupt halten.

Das „Kinobuch" ist, immer noch, ein unbekannter Klassiker der deutschen Filmgeschichte. Als der Band zum erstenmal erschien, wurde er übersehen und bald vergessen. Als er fünfzig Jahre später wieder greifbar wurde, bekam er einige begeisterte, sogar hymnische Kritiken. Die Verbreitung freilich, die ihm als einem der raren Dokumente des frühen Films zustünde, hat er nicht gefunden. In Gregor/Patalas' „Geschichte des Films", im gleichen Jahr 1963 wie die Neuausgabe erschienen, ist das Buch nicht einmal im Literaturverzeichnis erwähnt. Jetzt erscheint das „Kinobuch" wieder, in der Form eines Taschenbuches, im übrigen aber in der, die sein Herausgeber ihm gegeben hat. Vielleicht ergreifen sie, die Filmkritiker, die Filmhistoriker, die interessierten Filmfreunde, jetzt die Chance, ihr Bild von der Frühzeit des deutschen Films mit präziseren, schärferen Konturen zeichnen zu können. Das „Kinobuch" bietet sie.

*Walter Schobert*